Annelie Durth
Rassekatzen

Rassekatzen – Kartäuser und Europäisch Kurzhaar

Tips und Anregungen
für den interessierten Katzenfreund

Von Annelie Durth

Verlagshaus Reutlingen · Oertel + Spörer

Umschlagbild:
California Blue's Memory, Kartäuser; Züchter: Frey, Taunusstein; Besitzer: Durth, Burbach

Kauf, Haltung, Pflege und Zucht mit Sonderteil Katzennamen und Hinweisen zum Thema Krankheit mit homöopathischen Einsatzmöglichkeiten

Fachtierärztliche Durchsicht:
Jutta Robertz und Dr. Gerhard Martens – prakt. Tierärzte, Homöopathie, Siegen

Die Deutsche Bibliothek – CIP-Einheitsaufnahme

Durth, Annelie:
Rassekatzen : Kartäuser und europäisch Kurzhaar ; Tips und
Anregungen für den interessierten Katzenfreund / von Annelie
Durth. – Reutlingen : Verl.-Haus Reutlingen Oertel und Spörer,
1995
    ISBN 3-88627-158-7

© Verlagshaus Reutlingen · Oertel + Spörer · 1995
Postfach 16 42 · 72706 Reutlingen
Alle Rechte vorbehalten
Lektorat: Dr. Gabriele Colditz, Obergünzburg
Schrift: 10/12 p Stone
Satz: typoscript GmbH, Kirchentellinsfurt
Reproduktionen: Repro-Maurer, Tübingen
Druck: Oertel + Spörer, Reutlingen
Einband: Heintich Koch, Tübingen
Printed in Germany
ISBN 3-88627-158-7

Ich danke allen, die mich zur Fertigstellung dieses Buches animierten und dabei unterstützten. Insbesondere den Tierärzten Herrn Dr. Martens und Frau Robertz für die sorgfältige Prüfung der angeschnittenen Krankheitsthemen, der Deutschen Rassekatzen-Union für die freundliche Genehmigung zum Abdruck der Rassestandards, sowie Frau Silvia Röll und Frau Edelburg Paulsen für ergänzende Hinweise ein herzliches Dankeschön. Durch diese Hilfestellungen konnte dieses Buch erst beendet werden. Mein Dank gilt auch allen, die mir zahlreiche hübsche Katzenfotos schickten, welche leider nicht alle Platz in diesem Buch fanden.

Geleitwort

Trotz vieler schon existierender Bücher über Katzen hat Frau Annelie Durth ein weiteres geschrieben. Die Leserin, der Leser spürt sehr schnell, daß die Autorin zwei Dinge vermitteln möchte:

1. Die Liebe zu Katzen
2. Wichtige Informationen zu grundlegenden Themen der Katzenhaltung

Der erste Punkt ist ohne den zweiten nicht möglich. Denn was hilft die Liebe eines Menschen der Katze, wenn sie in wesentlichen Punkten falsch behandelt wird. Hier soll und kann dieses Buch helfen. Checklisten und Kostenberechnungen ermöglichen realistische Einblicke in die Probleme der Katzenhaltung. Das Kapitel über wichtige Katzenkrankheiten mit Hinweisen auf praktikable homöopathische Therapien ist übersichtlich dargestellt.

Das Buch „Rassekatzen" vermittelt eine Vielfalt an Informationen. Diese werden für den zukünftigen Katzenbesitzer wie auch für den erfahrenen Katzenhalter zunächst eine interessante und aufschlußreiche Lektüre sein. Später werden sie vielen Katzen ein besseres Leben ermöglichen.

Jutta Robertz und Dr. G. Martens
prakt. Tierärzte, Homöopathie, Siegen

Vorwort

Mit meinem Buch „Rassekatzen" wollte ich kein wissenschaftliches Werk, sondern ein nicht alltägliches Katzenbuch schaffen. Ich möchte Ihnen die Europäisch Kurzhaarkatzen näherbringen und alle noch unerfahrenen Katzenfreunde mit Kauf, Haltung und Pflege vertraut machen. Außerdem hoffe ich, mit den Themen Zucht und Krankheiten auch denjenigen mit Katzenerfahrung noch etwas vermitteln zu können. Ich hoffe, daß ich einige wissenswerte Informationen, auch für den Laien gut verständlich, weiterzugeben vermag.

Die Europäisch Kurzhaarkatze (EKH), auch als Britisch Kurzhaar (BKH) bekannt, ist die ideale Familienkatze, die sich auch mit Kindern versteht. Ihr kräftiger, gedrungener Körperbau steht ganz im Gegensatz zu ihrer zarten, hellen Stimme. Ihr plüschartiger Pelz ist pflegeleicht und besitzt viel Unterwolle. Deshalb liegt er nicht, wie bei anderen Rassen, dicht am Körper an, sondern steht leicht ab. Gezüchtet wird die Europäisch Kurzhaar in allen Farben der Perserkatzen. Die bekannteste unter ihnen ist die geheimnisumwitterte Blaue, unsere Kartäuserkatze. Ihre Beliebtheit hat in den letzten Jahren massiv zugenommen. Kein Wunder, denn ihr sanfmütiges Wesen, ihr „Fischotterpelz", die herrliche blaugraue Fellfarbe und nicht zuletzt der Blick aus großen, runden Augen, die wie reife Apfelsinen leuchten, erobern im Sturm das Herz eines jeden Katzenfreundes.

Mein Buch „Rassekatzen" möchte ich meinem geliebten Kartäuserkater „Europa-Champion Blue-Andy vom Freien Grund" widmen. Durch ihn habe ich die Europäisch Kurzhaarrasse, insbesondere die Kartäuser, kennen-, verstehen und lieben gelernt.

Ihre Annelie Durth

Inhalt

Das Wort Katze ruft bei uns Menschen die unterschiedlichsten Gefühle hervor. Die einen sehen in ihr eine falsche Bestie mit scharfen Krallen, andere wiederum sind von ihrem liebevollen und sanften Wesen fasziniert. Irgendwann las ich einen hübschen Vers, der die Samtpfote mit einer Rose vergleicht:

Ich habe zu Hause zwei Wesen, die kratzen:

Rosen und Katzen

zwei königlich Wesen, die schmeicheln und kosen:

Katzen und Rosen

Die Kartäuserkatze –
Ursprung, Legende, Realität

Klosterkatze – Ja oder Nein?

Die Frage um den Ursprung unserer Kartäuserkatze können wir nur vage beantworten, denn niemand kennt ihre wirkliche Herkunft. Es ranken sich jede Menge hübscher Legenden um diese graublaue Katze. Eine davon besagt, daß französische Mönche die Kartäuserrasse schon vor Hunderten von Jahren im Kloster Grande Chartreuse gezüchtet haben sollen. Die Namensgleichheit Chartreuse – Kartause läßt dies vermuten. Zweifellos bestehen einige Zusammenhänge zwischen den blauen Katzen und den Mönchen. Fest steht folgendes:

Als vor etwa 900 Jahren ein Kölner Edelmann namens Bruno (heute der Hl. Bruno) die Intrigen und Sittenlosigkeit seiner Zeit satt hatte, beschlossen er und einige seiner Freunde, sich für den Rest ihres Lebens in Einsamkeit, Schweigen und völlige Abgeschiedenheit zurückzuziehen. Sie zogen weit fort in ein ödes, felsiges Gebiet im Norden von Grenoble und siedelten sich dort an. Obwohl sie völlig zurückgezogen ein hartes Leben in Schweigsamkeit, Arbeit und Buße führten, sprach sich ihre Anwesenheit bald herum. Es folgten ihnen viele Gleichgesinnte. Abgeschieden von der übrigen Welt hüllten sie sich gemeinsam in Arbeit und Schweigen. So entstand im Jahre 1084 der Orden „Grande Chartreuse". Er breitete sich ungewöhnlich stark aus und besteht noch heute. In diesem Zusammenhang verstehen wir auch den Namen Chartreuse, der im Grunde nichts anderes bedeutet als Einsiedelei. Nach französischer Überlieferung ist uns hierfür das Wort Kartause bekannt.

Gewiß besteht eine Verbindung zwischen den Kartäuserkatzen und Kartäusermönchen. Doch die Annahme, daß der Name der Katzen im Zusammenhang mit der grauen Mönchskutte steht, ist unzutreffend, denn die Kutte der Mönche war und ist auch heute noch naturweiß. Bei einem Besuch im Kloster konnte man uns zwar gute selbstgebraute Getränke anbieten, jedoch nichts über blaue Katzen sagen. Deshalb ist zu

Katzenrassen,
nach einer Original-
zeichnung von
J. Bungartz (um 1880).
Zweite von oben:
Kartäuserkatze

1. Cyperkaze. 2. Kurthäulerkaze. 3. Angorakaze. 4. Abeſſiniakaze. 5. Chineſiſche Kaze. 6. Siameſiſche Kaze.

Kaþenraſſen.

Nach einer Originalzeichnung von J. Bungarþ.

vermuten, daß Kartäuserkatzen niemals in „La Grande Chartreuse" gezüchtet wurden. Da die blauen Kurzhaarkatzen überall verbreitet in wenig besiedelten Gebieten Frankreichs auftraten und selbst heute noch in einsamen Gegenden gesehen werden, scheint es verständlich, daß die Tiere in der Einöde die Nähe der Menschen suchten und fanden. Sie waren willkommene Gäste und vielleicht sogar die besten Freunde der einsamen Männer. Das Jagdbedürfnis der Katzen kam den von Ratten und Mäusen befallenen Behausungen der Mönche zugute. Vielleicht entwickelte sich so ganz allmählich die Gemeinschaft zwischen Mönchen und Katzen.

Die über Jahrhunderte in Frankreich verwurzelte Existenz der blauen Katzen läßt uns immer wieder die Verbindung mit den Mönchen suchen,

3

doch die einzig wirkliche Brücke zwischen Kartäuserkatzen und Kartäusermönchen kann lediglich der Begriff „Einsiedelei" sein. Alles andere ist Legende. Trotzdem bleibt die Frage nach dem Ursprung offen: Wo kommen diese Katzen her? Wer sind ihre Vorfahren? Liegt ihr Ursprung wirklich in Frankreich oder gelangten sie mit Schiffen über den afrikanischen Kontinent zu uns nach Europa? Zur Zeit der Kreuzzüge ins Heilige Land im 12. Jahrhundert, könnten Ritterheere die Katzen als Besonderheit angesehen und aus dem vorderen Orient nach Frankreich mitgebracht haben.

Ein frühes Schriftstück ist ein in Rom verfaßtes Gedicht des Franzosen Joachim du Bellay (1522–1560). Bellay trauert um seine blaue Hauskatze Bélaud, die ihn zweifellos wehmütig an jene Blauen seiner Heimat erinnert:

> „Es bricht mir beinahe das Herz, wenn ich davon spreche…
> es betrifft meine kleine graue Katze Bélaud.
> Bélaud, durch Fügung das schönste Werk,
> das die Natur je in Gattung Katze geschaffen hat.
> Bélaud war überwiegend, doch nicht völlig grau
> und nicht so, wie sie bekanntlich in Frankreich geboren werden,
> sondern so, wie sie in Rom aussehen.
> …bedeckt mit silbergrauem Pelz, kurzhaarig und glänzend wie Satin,
> gewellt auf dem Rücken und weiß unten, wie Hermelin.
> …der Kopf von gleichmäßigem Schnitt, der Hals rundlich,
>   kurzes Ohr

Darstellung einer Kartäuserkatze aus dem 18. Jahrhundert (Buffon).

und eine ebenholzfarbene Nase,
eine kleine Schnauze wie bei einer Löwin,
um die herum ein silbriges Bärtchen mit kurzem flaumigem Haar
   rankte,
das ihr damenhaftes Mäulchen zierte..."

Im 17. Jahrhundert wird erstmals über blaue Katzen vom Kap der Guten Hoffnung berichtet. In ‚Descriptions du Cap de Bonne Espérance' beschreibt Kolbe „blaue Wildkatzen, größer als Hauskatzen". Auch in der ersten Ausgabe von ‚Systema Naturae' im Jahre 1735 findet man die Beschreibung der blauen Katze. 1756 zeigt Buffon (Georges Louis Leclerc, französischer Naturforscher, 1707–1788) eine bildliche Darstellung der Kartäuserkatze.

Unser heutiges Wissen um den Ursprung der Kartäuserkatze ist unvollkommen, und wir werden diese Lücken leider nicht schließen können. Die Franzosen jedenfalls werden es sich niemals nehmen lassen, in „ihrer Chartreux" eine alteingesessene französische Rasse zu sehen.

Werdegang einer Rasse

Kartäuser/Chartreux/British Blue...

Bei der Kartäuserkatze sorgen verschiedene Rassebezeichnungen immer wieder für Verwirrung. Für den Laien sind die einzelnen Begriffe besonders irreführend. Des Rätsels Lösung dagegen ist ziemlich einfach:

Chartreux

Auf der Bretonischen Insel Belle Ile (vor dem Golf von Morbihan) fanden Suzanne Leger und ihre Schwester eine große Anzahl freilebender blauer Katzen. Sie beschlossen, diese herrlichen Tiere zu züchten. Mitte der Dreißiger Jahre begann unter ihrem Zwingernamen „De Guerveur" die erste gezielte Kartäuserzucht. Für diese kräftige, elegante Katze mit

Melle Léger, etwa 80jährig, mit einer ihrer Chartreux-Katzen – Belle Jle, 1978.

echt französischem Charme legte der später ins Leben gerufene „Club du Chat Chartreux" den ersten Standard fest:
Zuchtziel war eine reine, einheitliche Fellfarbe vom Pflaumenblau bis hin zum schönen, durchgefärbten Hellblau, wobei das Letztere den Vorrang hatte. (Auch heute noch sind hellere Töne beliebter und werden auf Ausstellungen oft bevorzugt.) Für die Chartreux jedoch begann ein weiter züchterischer Weg – von der „charmanten Französin" bis hin zu der Katze, die wir heute Kartäuser nennen.

British Blue

Auch in England erfuhr man von der Existenz der legendären blauen Schönheit. Als Anfang dieses Jahrhunderts bei einer englischen Ausstellung die blaue Kurzhaarkatze einer Miss Cochrane den Titel „Best in Show" erringen konnte, wurde die British Shorthair von der Governing Council of the Cat Fancy (GCCF) als eigenständige Rasse anerkannt.
Die Briten gaben sich jedoch mit dem Urtyp Chartreux nicht zufrieden und verbesserten Typ und Augenfarbe durch die Einkreuzung

blauer Perserkatzen mit orange- bis kupferfarbenen Augen. Später entstanden British Shorthair auch in Schwarz, Weiß, Creme und diversen anderen Farben durch Einkreuzung von Perserkatzen.

Die Holländer, Belgier und Deutschen ließen es sich nicht nehmen, auch mit der Zucht der Blauen zu beginnen. Sie holten sich die British Blue aus England und die Chartreux aus Frankreich, kreuzten diese Kontraste miteinander und vereinheitlichten beide zu einer ausgewogenen Schönheit, die große Begeisterung fand, nicht zuletzt darum, weil ihr Fell traumhaft dichte Unterwolle aufwies.

Dem vereinheitlichten Standard stand nun eigentlich nichts mehr im Wege, hätten nicht die Engländer, genau wie die Franzosen, auf ihrem eigenen Typ beharrt. Die reine Chartreux war dunkler, etwas hochbeiniger und dünner im Fell; die Mischung von Chartreux und British Blue bestach durch faszinierend leuchtende Augenfarbe und einen kräftigen, gedrungenen Körperbau. Schließlich fanden auch die Franzosen Gefallen an dieser „neuen Schönheit" und kreuzten die British Blue zur Verbesserung ein.

Vereinheitlichung des Standards

Da die Britisch Kurzhaar zum ersten Mal in England gezüchtet wurde, behielt die Cat Fancy diesen Namen für alle Katzen des Britentyps bei. Im übrigen Europa hielt man „Europäisch Kurzhaar" für die angemessene Rassebezeichnung aller Britischen Varianten, außer den Blauen. Allein die Blauen dürfen den Namen „Kartäuser" tragen. Die Dachorganisation FIFE (Fédération Internationale Féline) konnte sich bis heute nur dazu entschließen, die alten französischen Grundlinien als Kartäuser zu interpretieren und von den Blauen der Britischen Typen zu trennen. Auch die sonst übliche Farbnummer für Blau = 16 wurde durch die Buchstaben BRI-a ersetzt. Die in einem der FIFE angeschlossenen Verbänden gezüchtete Kartäuserkatze mit der Bezeichnung: „Brit.Kurzhaar, blau BRI-a" ist also gleichzusetzen mit einer Katze: „Kartäuser, blau 16". Gegen dieses Verwirrspiel ist leider nicht anzukommen. Reine Chartreux-Zuchten gibt es heute nicht mehr, sondern nur noch die wunderschöne Mischung Chartreux/British Blue. Genau diese ist unsere geliebte Kartäuserkatze.

Spieglein, Spieglein an der Wand...

Kartäuserszene der letzten Jahre

Die Beliebtheit unserer Kartäuserkatzen hat in den letzten Jahren beachtlich zugenommen. Ob z. B. 1982 „Jethro's Guy Ronald" und „Syriam's Ami" aller Augen auf sich gerichtet sahen oder 1994 „Melchior von Greifenstein" und „Garfield vom Freien Grund" – der Siegeszug der „Sanften Blaubärchen" war nicht zu bremsen. Wir wollen eine kleine Parade bekannter Kartäuserkatzen an uns vorüberziehen lassen. Normalerweise werden gute Zuchtkatzen in ihrem Leben nicht mehr als fünf- bis achtmal Mutter – hervorragende Deckkater dagegen können viel mehr Nachfahren haben. Dadurch werden sie bekannter und können ihre guten Anlagen öfter weitergeben als Kätzinnen. Bevor wir zu den „großen Namen der Gesellschaft" kommen, sollten wir deshalb auch an jene Katzen denken, die an diesem wunderschönen Nachwuchs beteiligt waren und dessen Stammbäume zieren. Sie alle waren und sind die stolzen Vertreter einer königlichen Rasse.

Drei der bedeutendsten englischen Kartäuserkater waren seinerzeit „Ch.Jezrel Jomo" und dessen Söhne „Gr.Ch. Int.Capstone Peter Pan" und „Gr.Ch. Int.Brynbuboo Little Monarch". Diese Namen sind in vielen Linien vertreten und somit an der Bewegung Deutscher und Europäischer Zuchtgeschichte maßgeblich beteiligt. Frau Edelburg Paulsen aus Meerbusch holte sich damals den englischen Kater „Gr.Ch. Int. Anastra Blue Bumble" (*1976 aus „Little Monarch" × „Blue Storm") in ihre Kartäuserzucht. Bumbles Mutter „Gr.Ch. Int. Brynbuboo Blue Storm" (Mutter ist „Ch. Brynbuboo Polly Perkins") kann in ihrer Ahnentafel „Capstone Peter Pan" als Vater nachweisen. Frau Paulsen schuf sich damit die Basis für eine erfolgreiche Zucht.

Auf Bumbles Enkelsohn. „Eur. Ch. Caster von den Poller Wiesen" (*1979 aus „Amigo v. Larona" × „Assya v. d. Poller Wiesen") können seine Züchter und Besitzer, Familie Dr. Charles Olroth aus Köln, zu Recht stolz sein. Auch er hatte keine Probleme beim Erklimmen der Erfolgsleiter.

Grand Champion International Anastra Blue Bumble, Besitzer: Paulsen, Meerbusch.

Grand Champion International Brynbuboo Blue Storm.

Wir erinnern uns auch gerne an „Ch. Int. Anki von Revelk" (*1974 aus „Blue Movie's Lawrence" × „I'Suzy van Abelen"). Inzwischen gilt er längst als „Urväterchen" vieler schöner Katzen. Seine Züchterin, Frau Klever aus Wegberg, gab ihn ehemals in Liebhaberhände. Als er sich später zum Prachtkater entwickelte, kam er in sein Geburtshaus zurück und wurde ein stattlicher Deckkater. In seiner Ahnentafel ist „Jezreel Jomo" in der Spalte der Ururgroßeltern gleich zweimal vertreten.

Ein nicht minder bekannter Name und ebenfalls für eine Reihe exzellenter Nachkommen mitverantwortlich ist „Ch. Int. Jethro's Guy Ronald" (*1980 aus „Lux v. Someren" × „Panda's Lady Ester"). Sein Sohn „Eur. Ch. Blue-Andy vom Freien Grund" (*1982), unser „Schatz", wurde bei meinen ersten „Schnupperausstellungen" phantastisch bewertet. Dies wirkte sich natürlich auf meine Wißbegierde der Kartäuserrasse gegenüber und nicht zuletzt auf meine gesamte Zucht aus. „Blue-Andy" ebnete mir den Weg zu meinen ersten großen Erfolgen. 1986, in der Blüte seines Lebens, starb er bei einem Schwelbrand.

Seine Tochter „Bijou von Shisha Pangma" brachte uns mit „Gr.Ch. Int. Blue-Jewel" eine herrliche Tochter, deren Name noch lange ein Begriff sein wird: „Gr.Ch.d'Eur. Alpha vom Freien Grund" (*1986). Um ihren Großen Europa-Titel zu erreichen, benötigte sie lediglich 16 Ausstellungsbesuche. Einigen ihrer exzellenten Nachkommen wie „Eur. Ch. Rasputin v. Freien Grund" (Herrmann, Bad Marienberg), „Eur. Ch. Vincent v. Freien Grund" (Dr. Bügge, Obernkirchen), „Garfield"

Champion International Jethro's Guy Ronald, Besitzer: Wirth, Gießen.

Grand Champion d'Europe Alpha vom Freien Grund, Züchter/Besitzer: Durth, Burbach.

Europa Champion Abigail von der Hörden, Besitzer: Böhmer, Grevenbroich.

(Frey) oder „Int.Ch. Charon" (Familie Kühn, Köln) fiel es nicht schwer, in die Erfolgs-Fußstapfen der Mutter zu treten, genauso wie dem stattlichen Kartäuserkater „Gr.Ch.d'Europe Ugo von Muspilli" (*1981, Vater ist „Yussuf v. Muspilli"). Er folgte dem Vorbild seiner bekannten Mutter „Ch.Int. Zapperlot v. Muspilli" (Züchterin und Besitzerin ist Ortrun Wagner aus Heppenheim).

„Gr.Ch.Int. Buddha von Ekuhaka" (*1980), Sohn des unvergessenen „Peter Pan Pompoen" und „Pr.Int. Afra von Ekuhaka" (*1978), warf schon erstklassige Konkurrenten aus dem Rennen. Natürlich sorgte auch „Buddha" für respektablen Nachwuchs. Über seine Tochter „Eur.Ch. Abigail v.d. Hörden" (*1984) kann Familie Böhmer aus Grevenbroich mit Recht froh sein. Abigail erhielt damals im DEKZV als erste „Blaue" den Europa-Titel.

Der repräsentative Vertreter seiner Rasse „Eur.Ch. Panta Rhei's Claudius" (*1983 aus „Fairyland's Olivier B.Bommel" × „Ch.Int. Calypso v. Ailouria") wurde gezüchtet von Familie Gerrits in Groningen/NL und

11

Europa Champion Panta Rhei's Claudius, Züchter: Gerrits, Groningen (NL), Besitzer: Paulsen, Meerbusch.

ist im Besitz von Frau Edelburg Paulsen in Meerbusch. Auch ihm fiel es nie schwer, die Aufmerksamkeit der Ausstellungsbesucher auf sich zu ziehen. „Hein Mück", wie seine Besitzerin ihn immer liebevoll nannte, konnte stolz seine hervorragenden Nachkommen wie z. B. seinen Sohn „Int.Ch. Silver Pearl Gaylord" (*1990 aus „Claudius" × „Brynbuboo Blue Beauty") und seine Enkeltochter „Int.Ch. Silver Pearl Lorraine" (*1993 „Gaylord" × „Silver Pearl Jini" – beide aus der Zucht von Frau Paulsen) vorzeigen. Besondere Aufmerksamkeit erregte auch „Nikodemus v. Nednil" (H. Linden, Wegberg). Eine exzellente „Claudius"-Tochter „Eur. Ch. Candida v. Ekuhaka" (*1986, Mutter ist „Abigail v. d. Hörden" – Züchter und Besitzer: Böhmer, Grevenbroich) schaffte es noch im Alter von sieben Jahren bei einer Ausstellung der D.R.U. 1993, gute Mitbewerberinnen im Kampf um den ersten Platz zu besiegen.

Wir zählen auch „Eur. Ch. Anduin von der Marau" (*1981 aus „Gr.Int. Ch. Aragon v. d. Marau" × „Ambelina v. Eigelscheid") zu den „ganz Großen" Ich erinnere mich an die Ausstellungsjahre 1983–85, als

Europa Champion Anduin von der Marau, Besitzer: Alcaraz, Lohmar

Anduin eine gefürchtete Konkurrenz der Kartäuserszene darstellte. Er leistete einen großen Beitrag zur erfolgreichen Zucht seiner Besitzerin Petra Birgit Alcaraz („von Valencia").

Als „Gr.Ch.d'Europe Alex vom Kranenberg" (*1984 aus „Eur. Ch. Hägar v. Berlioz" × „Chita v. Valencia") von seiner Besitzerin Ulrike Berg (v. Blauen Berg) aus Dortmund auf der Kartäuserbühne vorgestellt wurde, wußten alle: „Er kam, sah und siegte!" – und dies nicht nur einmal. Als erster und bis heute einziger „Blauer" belegte er in der Top Ten die Nummer Eins. Einer seiner Kinder „Gr.Ch.d'Europe Balthasar vom Blauen Berg" (*1987) folgte dem Vorbild des Vaters, denn auch er

Grand Champion d'Europe Alex
vom Kranenberg,
Besitzer: Berg, Dortmund.

schwang sich bei der Top Ten auf Platz Drei. Somit konnte er seiner Besitzerin Annegret Exter aus Dortmund den Beginn ihrer Zucht „Blue Dreams" sichern.

„Gr.Ch.d'Europe Charly de Petit Chateau" (*1989, Mutter ist „Dunja v. Immenthal") zählt ebenfalls zu den berühmten Kindern von „Alex vom Kranenberg". Dieser Kater besitzt eine ganz besondere Ausstrahlung. Seine wunderschönen großen Kupferaugen vermitteln eine außergewöhnliche Harmonie und haben auf etlichen Ausstellungen nicht nur die Richter fasziniert. Man kann Frau Dagmar Bisior aus Köln zu diesem Zuchterfolg gratulieren!

„Gr.Int.Ch. Donna-Serata's Belamy" (*1988 aus „Gr.Ch. Int. Selor's Creme Cartouche – EKH Creme" × „Ch. Int. Donna-Serata's Camisha – EKH Blaucreme") wurde von Frau Gitte Rütten aus Mönchengladbach gezüchtet. Auch er war ein bemerkenswerter „Blauer"!

Grand Champion d'Europe Balthasar vom Blauen Berg, Züchter: Berg, Dortmund, Besitzer: Exter, Dortmund.

„Gr.Ch.d'Europe Blue Elektra von Rauhardt" (*1982, Vater ist „Syriam's Ami" im Besitz von Frau Marion Stopka aus Neunkirchen-Seelscheid) errang als erste Kartäuserkatze der D.R.U. ihren Großen Europa-Titel. Doch manchmal spielt das Schicksal mit uns Züchtern Katz und Maus. Es ist zwar traurig, aber wahr: diese wunderschöne Katze wollte bedauerlicherweise niemals Mutter werden.

„Eur. Ch. Melchior von Greifenstein" (*1989 aus „Idefix v. Hellertal – EKH Rotgestromt"×„Dunja v. Björndahl") wurde als Jungtier vom Züchter verkauft und hielt als halbwüchsiger Bengel wieder Einzug im Hause Fudickar (Greifenstein). Er belegte den achten Platz der Top-Ten 1993 und auf seine Nachkommen vererbt er Typ und Felltextur wie kein anderer. Melchis Tochter „Nicole vom Blauen Saphir" war auf mehreren Ausstellungen Nummer Eins. Sein Sohn „Talisman vom Freien Grund" ergatterte im zarten Alter von zehn Monaten den Rassesieg über 65 Kartäuser (D.R.U.-Dortmund 1995, Best of Best, Solingen 1995).

„Gr.Int.Ch. Garfield vom Freien Grund" (*1990 aus „Gr.Ch.d'Europe Balthasar v. Blauen Berg"×„Gr.Ch.d'Europe Alpha v. Freien Grund" im Besitz von Familie Frey, Taunusstein) war im Alter von drei Monaten

15

Grand Champion d'Europe Blue Elektra von Rauhardt, Besitzer: Stopka, Neunkirchen-Seelscheid.

Europa Champion Melchior von Greifenstein, Züchter/Besitzer: Fudickar, Greifenstein.

weniger vielversprechend als seine Geschwister. Er konnte zwar hohe Auszeichnungen seiner Eltern vorweisen, doch er sollte niemals ausgestellt werden. Anscheinend mißfiel ihm dies, und seine Besitzer entschlossen sich, ihn wenigstens ein einziges Mal mitzunehmen: Bei seinem ersten Auftritt (D.R.U.-Agrippina 1992) errang er über ca. 60 Kartäuser den Rassesieg. Nach längerer Ausstellungspause konnte man

Grand Champion d'Europe Charly de Petit Chateau, Züchter/Besitzer: Bisior, Köln.

Grand Champion International Garfield vom Freien Grund, Züchter: Durth, Burbach, Besitzer: Frey, Taunusstein.

„Garfield" nochmal bewundern (D.R.U.- Mainz 94 und Agrippina 94). Er erhielt beidesmal die Auszeichnung „Best of Best". Belohnt wurde er mit dem vierten Platz der Top Ten 1994.

Dies war nur ein winziger Beitrag aus der Kartäuserszene, und es würde ein ganzes Buch benötigen, alle erfolgreichen Namen zu nennen. Es ist unverkennbar, daß sich auch im Werdegang deutscher Zuchten einiges getan hat. Unser Standard besitzt zur Zeit höchstes Niveau. An Fellqualität und Augenfarbe kann man bei vielen Linien nichts mehr verbessern. Deshalb sollte jeder Kartäuserzüchter Paarungen vorher sorgsam auswählen und prüfen. Nur so kann dieser Standard gehalten werden und wird nicht ins Negative umschlagen. Durch Einkreuzungen von Perserlinien können wir derzeit nur verschlechtern. Kurzhaar wird zwar dominant vererbt, doch das weichere Fell und die eminent typvollen Köpfe (flacheres Gesicht, sehr kurze Nase) der Nachkommen würden die Kartäuserkatze arg verwandeln. Züchtern mit solchen Paarungsabsichten rate ich dringend, auf die Kartäuserzucht zu verzichten und sich der Perser- oder Exotenzucht zu widmen. Jede dieser Rassen ist für sich wunderschön, doch nicht für Kartäuser-Paarungen geeignet. Ich mag nicht daran denken, daß in einigen Jahren unser traumhafter Kartäuser mit Peke-Face umherlaufen würde.

Kauf, Haltung, Pflege

Ernste Gedanken vor dem Kauf

Die Katze kann ein Alter von 15 bis 20 Jahren erreichen, eine allzu lange Zeit für eventuelle Gewissensbisse und Widrigkeiten. Ob es nun Ihre kostbaren Möbel sind, an denen Katzenkrallen unliebsame Kratzer hinterlassen, oder eine stinkende Katzentoilette, die niemand sauber machen möchte. Oft sind es nur die ach so wunderbaren Wünsche der Kinder, ein lebendiges Etwas zum Spielen und Knuddeln zu haben. Die Kinder bekommen, was sie wollen, aber verlieren vielleicht nach einer gewissen Zeit das Interesse – und schon geht mancher Kummer los. Gewiß können solche spontanen Schenkaktionen auch gut verlaufen, doch als verantwortungsvoller Mensch sollte man im voraus und nicht nachträglich überlegen.

Daher möchte ich zunächst einige Gewissensfragen an Sie richten. Bitte nehmen Sie sich genügend Zeit zum Nachdenken, bevor Sie die Antworten geben. Wenn Sie auch nur bei einer einzigen Frage ins Zweifeln geraten, warne ich Sie dringlichst davor, sich ein Kätzchen zu kaufen. Ein Katzenkauf ist schnell getätigt, wobei die Zeit der Reue von Dauer ist.

Zehn Gewissensfragen vor dem Kauf

1. Leben Sie in einer Mietwohnung und haben die Zustimmung Ihres Vermieters für ein Haustier? Normalerweise kann der Hausbesitzer bei einem kleinen Haustier kein Verbot aussprechen, doch Sie sollten zuerst mit ihm reden, um späteren Ärger zu vermeiden.
2. Hegten Sie schon lange den Wunsch, eine Katze zu haben, oder ist es nur eine spontane Idee, Ihr eintöniges Leben interessanter zu gestalten? Wenn Letzteres zutrifft, wird die Liebe zu Ihrem Tier spätestens beim Säubern der Toiletten enden.

18

3. Wird Ihre Katze täglich länger als fünf Stunden allein verbringen? Oft höre ich die Meinung, daß es ihr nichts ausmache, tagelang allein zu sein. Sie jault ja nicht wie ein einsamer Hund. Sie wird schlafen oder am Fenster sitzen und sich die Zeit vertreiben. Würden wir Menschen solch ödes Leben etwa lieben? Wenn Sie tagtäglich von morgens bis abends außer Haus sind und sich nicht zwei Katzen auf einmal kaufen können, sollten Sie auch hier nein zum Kauf sagen!

4. Was tun Sie, wenn Ihre kostbare Ledergarnitur Kratzer aufweist? (Meine Ledermöbel haben alle dieses Wahrzeichen.) Werden Sie es verkraften und ihre Katze trotzdem lieben oder verteufeln Sie „die kleine Kratzbürste"? Dann kaufen Sie bitte nie eine Katze.

5. Eine Kartäuserkatze ist äußerst pflegeleicht, doch sie braucht tägliche Streichel- und Schmuseeinheiten. Werden Sie auch dann noch für sie da sein, wenn sie wirklich einmal krank wird und tierärztliche Versorgung benötigt?

6. Bei der Anschaffung sind Kartäuser teuer, doch planen Sie auch ein, daß Futter-, Streu- und Tierarztkosten für Arzneimittel und Wiederholungsimpfungen auf Sie zukommen. (Beachten Sie bitte die Kostenaufstellung für Erstausstattung und Haltung.) Würden Sie es Ihrer Katze an alledem niemals fehlen lassen?

7. Denken Sie bei der Urlaubsplanung an Ihr Tier? Nehmen Sie es mit auf Reisen oder haben Sie gute Nachbarn, denen Sie den Hausschlüssel anvertrauen können? Sie müssen sicher sein, daß sich jemand in genügendem Maße um Ihre Katze kümmert.

8. Ihr Kind wünscht sich als Weihnachtsgeschenk einen niedlichen kleinen Spielgefährten. Doch was geschieht, wenn der Christbaum abgeräumt und die Spielphase Ihres Kindes plötzlich erloschen ist? Vielleicht wird ein Lebewesen „Katze" dann als unbequemes Anhängsel abgeschoben. Bitte niemals ein Tier als Spielzeug verschenken!

9. Zählen Sie zu den „hektischen" Menschen unserer Gesellschaft, dann sollten Sie sich vor dem Kauf einer Katze vornehmen, bedeutend ruhiger zu werden, denn Katzen reagieren auf Unruhe, Lärm und Hektik überaus negativ.

10. Es ist erwiesen, daß Haustiere zum Wohlbefinden und zur Genesung alter, einsamer und kranker Menschen beitragen. Manche Krankheiten stehen jedoch in Verknüpfung mit gewaltigen Emotionen.

Eine Katze sollte niemals „als Arznei verordnet" werden, ohne daß sichergestellt ist, daß sich der Patient richtig um die Katze kümmern kann. Einem Neurotiker Tiere zu schenken, die zwangsläufig zur Zielscheibe seiner Aggressionen werden, muß von vornherein abgelehnt werden.

Zur zehnten Frage fällt mir eine Begebenheit ein, die ich Ihnen erzählen möchte: Als meine ersten Katzenkinder neue Pflegeeltern suchten, stand plötzlich eine alte Dame in unserem Hausflur. Verzweifelt und unter Tränen erzählte sie mir vom Ableben ihres geliebten Katers Bijou. Er hatte sich allmorgendlich bei ihr ein dickes Stück Butter erbettelt und war an Leber- und Herzverfettung gestorben. Die alte Dame hatte ihn durch ihre Liebe und Güte, ihm alles zu geben, schließlich verloren. Heute, fünfzehn Jahre später, ist sie 83-jährig mit ihrem Danny ein Herz und eine Seele. Der Kater, den sie damals von mir bekam, gehört zu ihrem Leben und hält sie fit. Sie hat es bis heute nicht versäumt, mir ab und zu eine Karte zu schreiben. Ihre letzten Zeilen gehen mir nicht aus dem Kopf. Sie lauteten: „Danny meint: Wo Du bist, ist Eden." Ich bin sicher, diese alte Dame wäre krank und unzufrieden, ja vielleicht nicht mehr am Leben ohne ihr kleines Glück Katze.

Bitte berücksichtigen Sie bei Ihren Überlegungen wirklich alle Punkte: Sie wollen mit Ihrer Katze mindestens 15 Jahre leben, sie füttern, pflegen, ihre Toiletten reinigen... Sie übernehmen eine große Verantwortung für ein Lebewesen. In 15 Jahren kann viel geschehen, denn auch Ihr persönliches Leben geht weiter. Denken Sie einmal darüber nach – die Katze ist von ihnen abhängig. Sie muß sich auch in schlechten Zeiten auf Sie verlassen können.

– Was ist im Sterbefall? Auch dafür sollte Vorsorge getroffen werden.
– Was ist bei Heirat? Die Katze muß auch für den Partner wirklich willkommen sein. Schaffen Sie sich keine Katze an, wenn der Partner nicht voll dazu steht.
– Was ist bei Schwangerschaft? Medizinisch gesehen gibt es eigentlich keine Probleme mehr, aber wenn Ihr Arzt oder die Familie sagt: „Die Katze muß aus dem Haus" – was dann? Vielleicht verschieben Sie erstmal den Wunsch nach einer Katze.

Abb. 1: Memory ist eine sehr „redselige und temperamentvolle Kartäuserkatze", Besitzer: Durth, Burbach.

Abb. 2: Royal Brit's Original, EKH weiß, mit typischem Jungtier-Farbtupfer auf der Stirn. Züchter: Mettenaar, Besitzer: Hoppe, Breidenbach.

Abb. 3: Chartreux „de Gouerveur", Belle Jle 1978.

Abb. 4: Honey Bee vom Bröltal – Blue-point Kitten. Züchter/Besitzer: Meinhard, Windeck.

Abb. 5: Moritz vom Eppenhof. Züchter/Besitzer: Gennermann, Hagen-Hohenlimburg.

Abb. 6: Alpha – eine schwere Kartäuserkätzin.
Züchter/Besitzer: Durth, Burbach.

– Was ist, wenn ein Baby da ist? Ist auch dann noch die Katze willkommen? Oder könnte sie ihrer Meinung nach dem Baby etwas tun?
– Was ist bei Scheidung? Da gibt es Probleme mit der Wohnung. Die Eigentumsfrage des Tieres ist zu klären. Auch das sollte vorher überlegt sein.
– Was ist mit Allergie? Sind Familienmitglieder gegen Tierhaare allergisch? Es ist nicht gut, eine Katze zum Test zu kaufen.
– Was ist bei Problemen, wenn z. B. die Katze unsauber oder krank wird? Sie müssen auch dann bereit sein, zu dem Tier zu stehen und zu helfen und nach den Ursachen zu forschen.

Es sind alles sehr kritische Fragen; aber Sie und die Katze wollen und sollen ja auch ein ganzes Katzenleben Freude miteinander und Vertrauen zueinander haben.

Anschaffungs- und Pflegekosten

Katzenkaufpreis	ca. DM 1000,00
Transportkorb	ca. DM 60,00
Toilette	ca. DM 50,00
Bürsten	ca. DM 15,00
Kämme	ca. DM 20,00
Futternäpfe	ca. DM 25,00
Kratzbaum	ca. DM 150,00
Kuschelhöhle	ca. DM 80,00
Fachbuch	ca. DM 50,00
Spielzeug	ca. DM 20,00

ergeben eine Summe von DM 1470,00.

Jährliche Kosten an Futter bei ca. DM 1,50 pro Tag	ca. DM 550,00
Katzenstreu	ca. DM 170,00
Arzt, Apotheke	ca. DM 180,00
evtl. Sonderfutter, Katzengras, Leckerchen, Balkonnetz, Urlaubspflege etc.	ca. DM 150,00

ergeben für ein Jahr etwa DM 1050,00.

Wird ihre Katze 15 Jahre alt, werden Sie ca. 15 000,– DM für sie ausgegeben haben. Nach oben sind dabei keine Grenzen gesetzt.

Ich wette, Sie lassen sich trotz aller vorhergegangenen Fragen nicht vom Kauf einer blauen Schönheit abhalten. Ich gratuliere, denn nun kann ich Ihnen meine eigenen Erfahrungen in Sachen Katze verraten. Das Abschiedsgedicht an mein geliebtes Kartäusermädchen Alpha drückt auch ohne Erläuterung alles klar und deutlich aus:

Abschied

Mein blaues Bärchen mit zärtlichem Blick
Und Augen aus strahlendem Gold
Mein blaues Bärchen mit samtigem Fell,
Du warst mir so gütig und hold.
Ich wollt' Dich besitzen und nannte Dich MEIN
Und glaubte, daß Du MIR gehörst.
Doch Du hast von da an mich Tag für Tag
Aufs neu eines Bess'ren belehrt.

Heut' ist es mir klar, ich besaß nicht DICH.
Das bildete ich mir nur ein.
Besessen hast Du MICH und wußtest genau,
Du wickelst mich vollkommen ein.
Ich sah Deine Augen und war fasziniert
Und schäm' mich dafür nicht einmal.
Du blaue Prinzessin, wie sehr lieb' ich Dich,
Du ließt mir weiß Gott keine Wahl.

Mit Dir ging ich schlafen, mit Dir stand ich auf,
Mit Dir fand' ich nachts meine Ruh.
Durch Dich fand ich Frieden, durch Dich fand ich Glück
Durch Dich fand ich Liebe dazu.
Ich wollte Dein Freund sein und alles nur tun,
Daß es Dir bei mir wohlergeht.
Ich wollte Dein Sklave sein, wärst Du noch hier,
Auch wenn es kein and'rer versteht.

Und wenn Du mich ansahst mit leuchtendem Blick,
War in mir ein wohliger Schmerz.
Ich glaube, das war wohl ein Zeichen von Glück;
Prinzessin, Du rührtest mein Herz.
Ich möchte Dir danken, für alles, was Du
Bis heut' mir an Glück je beschert.
Mein Brummelchen, glaub' mir, die Welt ohne Dich
Ist einsam und traurig und unsagbar leer.

Als Sie Ihre erste Kartäuserkatze sahen, erging es Ihnen vielleicht genau wie mir. Ich war hypnotisiert von ihren großen, leuchtenden Augen mit soviel Ausdruckskraft – die Farbe reifer Apfelsinen, in denen sich die Sonne spiegelt. Meine Hände liebkosten ihren dichten, samtigen Pelz. Die urgemütliche Teddybärchenkatze mit einer Stimme zart und sanft wie ihr ganzes Wesen ließ mich vom ersten Augenblick an nicht los. Ich verspürte den Wunsch, solch eine wunderschöne Katze für immer um mich zu haben. Ein Traum mit den schönsten Katzenaugen der Welt...

Unerfahren, jedoch überglücklich begann ich einst meine ersten Zuchtschritte. Seither sind manche Jahre ins Land gezogen, und die Liebe zu meinen Tieren ist ständig gewachsen. Sie erreichten, was nicht einmal mein Mann fertigbrachte – mich zu erziehen und zu verändern. Ein Leben ohne meine Katzen ist für mich unvorstellbar.

Auch die Familie eines „Katzennarrs" wird häufig ein Auge zudrücken müssen, denn die meisten „Katzenfans" sind auf Dauer nicht zu bremsen. Das Leben eines „katzengeschädigten" Familienmitgliedes kann interessante Formen annehmen. Neulich erreichte mich folgender Brief:

Mein Leben mit einer Katzenmutter

Eigentlich hat man als Jugendliche schon genug Probleme: Schule, Geld, Freunde... und vieles mehr. Wird man dann noch ständig mit dem Hobby seiner Mutter konfrontiert, raubt einem das manchmal den letzten Nerv.

Wenn man bedenkt, daß die ganze Geschichte völlig harmlos mit einem wahrhaft niedlichen Kartäuserkaterchen begann, scheint alles unglaublich. Tatsache ist, daß ich als 18-jährige seit einigen Jahren die

Wohnung mit mehreren Katzen teile – fünf an der Zahl. Die des öfteren herumtobenden Jungtiere und meinen unterdrückten Hund möchte ich gar nicht weiter erwähnen.

Nun könnte ich diesen Umstand weitgehend ertragen – eines dieser Wesen kann ich schließlich mein Eigen nennen – doch da ist noch meine Mutter!? Sie ist eine Katzenmutter, im wahrsten Sinne des Wortes. Sie widmet ihr Leben den Katzen, der Zucht und den damit verbundenen Ausstellungen. Doch leider ist es nicht bei den Schmusekatzen geblieben. Unsere gesamte Wohnung besteht aus Katzen und nochmals Katzen – in allen Variationen: groß, klein, Keramik, Glas, Porzellan, Handtücher, Topflappen, Bilder, Kissen, Bücher... Ich könnte unendlich lange fortfahren. Meine Mutter „schleppt" alles an, was nach Katze aussieht. Sie trägt mit Vorliebe Katzenschmuck und mit Katzen verzierte Kleidung. Natürlich ersteigert sie für ihre Lieblinge fast jede Neuigkeit. Da unsere Wohnung jedoch nicht die größte ist, bleibt kaum ein Eckchen verschont. Es ist ein Wunder, daß ich bisher vor diesem „leblosen Firlefanz" mein Zimmer schützen konnte.

Ich weiß nicht, ob man sich meine Situation vorzustellen vermag. Ich kann nur sagen: Egal, wie man den Kopf dreht und wendet – man ist umgeben von Katzen. Fairerweise sollte ich bemerken, daß ich das Ganze akzeptiere und mit der Zeit gelernt habe, einigermaßen damit umzugehen. Da ich jedoch meistens diejenige bin, die Katzenstreu herbeischleppt und als „Tierarztchauffeur" einspringen muß, wird die Sache etwas nervig für mich.

Dadurch, daß meine Mutter in ihrem Katzenwahn nicht mehr zu bremsen ist, wird unsere Wohnung von Katzen erdrückt werden und ich mich zu einer geisteskranken Jugendlichen entwickeln. Tja, sie ist halt von Natur aus relativ leicht zu begeistern – hat für jedes Problem ein offenes Ohr – hilft jeder Katze oder Katzenfreundin, so gut sie kann, und ist deshalb wirklich liebenswert.

Solange sie also Spaß an ihrem „Hobby" hat und mir genau so viele Freiheiten einräumt wie ihren Katzen, werde ich mich geduldig dieser Situation fügen und die Hoffnung auf Einsicht nicht aufgeben. S.E

Wo finde ich sie?

Bot sich Ihnen bisher keine Chance, das Ziel Ihrer Wünsche zu erreichen, sollten Sie sich zunächst mit einem guten Tierarzt in Ihrer Umgebung unterhalten. Er kann Sie gewiß an einen ehrlichen Hobbyzüchter verweisen. Bringt dies keinen Erfolg, so sollten Sie Kontakt mit einer seriösen Katzen-Vereinigung aufnehmen (siehe Anhang). Hier nennt man Ihnen Züchteradressen oder eine Jungtiervermittlung.

Europäisch Kurzhaarkatzen haben in den letzten Jahren an Beliebtheit zugenommen. Infolgedessen wird ein Züchter kaum Jungtiere zum Direktkauf anzubieten haben. Seien Sie bitte nicht enttäuscht, wenn die meisten Jungtiere schon versprochen sind. Diese Tatsache sollte Sie nicht dazu verlocken, in eine Zoohandlung zu gehen, um dort eine Katze zu kaufen. Später würden Sie bitter enttäuscht sein, wenn das Verhalten des Jungtieres nicht Ihren Erwartungen entspricht. Die Vereinssatzungen verbieten uns Züchtern unmißverständlich, unsere Jungtiere an Zoohandlungen abzugeben. Kein vertrauenswürdiger Züchter wird auch nur eines seiner Katzenkinder in einem Zoogeschäft abladen. Profitgierige Großzüchter sehen hier einen leichten Weg, ihre „Massenproduktionen" loszuwerden. Auf diese Weise ist die Gefahr besonders gegeben, sich ein krankes oder verhaltensgestörtes Kätzchen aufschwatzen zu lassen.

Katzenzucht bedeutet Gefühl, Erfahrung, Liebe zum Tier und vor allem eine erhebliche Menge Idealismus. Besuchen Sie mehrere Züchter. Vereinbaren Sie einen Zeitpunkt und stehen Sie ruhig einige Minuten früher an der Tür, denn nur so können Sie sich ein eigenes Bild davon machen, wie die Katzen gehalten werden. Laufen die Tiere frei in der Wohnung umher oder werden sie aus Kellerräumen oder Käfigen geholt? Entschließen Sie sich keinesfalls zum Kauf, wenn letzteres zutrifft. Und noch etwas: Wenn auch Ihre Seele brennt, kaufen Sie niemals ein Tier aus Mitleid! Die daraus entstehenden Tierarztkosten würden Ihre Freude bald zunichte machen.

Schauen Sie sich die Kinderstube Ihres zukünftigen Hausgenossen mit kritischen Augen an. Nur so werden Sie die richtige Wahl treffen. Kaufen Sie auch niemals ein zu furchtsames Tier. Die Scheu schwindet zwar meist nach geraumer Zeit, doch ich habe vor Jahren mal ein Katerchen vermittelt, das niemals richtig Vertrauen entgegenbringen konnte. Ich erfuhr dann vom enttäuschten Besitzer, daß der betreffende Züchter massenweise Jungtiere besaß und zudem noch im Keller hielt. Schwarze

Schafe gibt es leider überall, auch unter Züchtern. Die bedauernswerten Tiere dieser profitgierigen Vermehrer kennen keine menschliche Wärme. Sie wissen nicht, was Zuwendung bedeutet, und sind meist die Verlierer, was die ärztliche Versorgung angeht.

In den ersten Wochen eines Katzenlebens prägen sich Wesen und Charakter. Wird sich während dieser Zeit nicht intensiv um das Tierchen gekümmert, ist es später meist scheu und zurückhaltend. Kätzchen hingegen, die in den ersten Lebenswochen häufig angefaßt, hochgenommen und gestreichelt werden, zeigen durch frühzeitigen Kontakt mit menschlicher Wärme Vertrauen. Erhielt ein Katzenkind in seiner Babyphase genügend Liebe und menschliche Nähe, wird es in Gegenwart Fremder niemals furchtsam Reißaus nehmen. Es wird sein Gegenüber neugierig beäugen und sich gerne anfassen lassen. Erfährt die Katze in späteren Zeiten keine massive Enttäuschung, wird dieses wunderbare Vertrauensverhältnis ein ganzes Katzenleben lang Bestand haben.

Jungtier oder Alttier – Kater oder Katze?

Als berufstätiger Mensch sollten Sie diesen Punkt gründlich überdenken, denn wenn Sie fünf volle Wochentage außer Haus sind, wird ein Katzenkind ziemlich einsam sein. Aus diversen Gründen – angefangen bei Katzenallergien bis hin zur Nichtduldung in Mietwohnungen – werden gelegentlich erwachsene Tiere angeboten. (Unterstützen Sie keinen profitgierigen Großzüchter, der Ihnen „ausgediente" Zuchtkatzen anbietet!) Fast immer ist das betroffene Tier daran unschuldig. Beim Kauf einer solchen Katze sollten nicht zuerst das Alter, sondern das Wesen und die Eigenarten berücksichtigt werden. Auch wenn eine Katze nicht mehr die Jüngste ist, so dürfen Sie doch damit rechnen, daß sie ein Alter von 15, vielleicht sogar um die 20 Jahre erreichen kann. Ich kenne eine Kartäuserdame, die fürwahr schon 23 Jahre alt ist – nicht mehr so fit, wie ein junges Mädchen, aber gesund. Beim Kauf eines älteren Tieres versäumen Sie zwar die herrliche Zeit des Heranwachsens, anderseits werden Sie einen Hausgenossen bekommen, der ruhig und träumend auf Sie wartet und Sie mit sanfter Zärtlichkeit belohnt, wenn Sie am Abend völlig geschafft von der Arbeit heimkommen. Solch eine Mieze wird Ihnen alle Liebe und Zuneigung, die Sie ihr geben, doppelt und dreifach erwidern.

Können Sie zwei Jungtiere auf einmal kaufen, wird das Problem Einsamkeit gar nicht erst aufkommen. Während Ihrer Abwesenheit dürfen Sie sich allerdings auf einige Streiche der kleinen Racker gefaßt machen. Wenn irgendwo eine Fliege sitzt, die partout gejagt werden muß, kann so mancher Blumentopf oder auch Ihre Lieblingsvase zu Bruch gehen. Aber was soll's: Scherben bringen Glück! Die Kätzchen werden schnell ein wichtiger Bestandteil Ihres Lebens sein, den Sie nie und nimmer mehr missen wollen. Sie können miterleben, wie „Ihre" Katzenkinder zu einem unzertrennlichen Paar heranwachsen und keine Einsamkeit fühlen, denn ihr Motto wird immer lauten: „Gemeinsam sind wir stark!"

„Was scheint geeigneter für mich, Kater oder Katze?" Diese Frage wird mir oft gestellt, doch schließlich sollte dies Ihr Herz entscheiden. Meist wird ein männlicher Kartäuser mit ausgeprägtem Kopf dem weiblichen Tier in Typ und Vollkommenheit überlegen sein, doch die ersten Probleme mit ihm werden spätestens dann auftreten, wenn er anfängt, sein Revier zu markieren. Das heißt im Klartext: Ein geschlechtsreifer Kater kennzeichnet für gewöhnlich die Grenzen seines Reviers, indem er in stehender Haltung und mit erhobenem Schwanz einen Baum, Zaun oder ähnliches mit seinem Urin bespritzt, welcher übelriechende Duftstoffe enthält. Wird das Tier ausschließlich in der Wohnung gehalten, kann es passieren, daß Wände oder Gardinen als Markierungsobjekt dienen und plötzlich Ihre gesamte Wohnung durch seine Duftmarken einen penetranten Geruch ausstrahlt. Um weiteren Gestank und somit auch Ärger zu vermeiden, ist es ratsam, den Kater kastrieren zu lassen.

Kartäuser brauchen etwa drei Jahre, bis ihre äußere Entwicklung abgeschlossen ist. Erst nach dieser Zeit sind Kopf, Körper und Augenfarbe vollständig ausgeprägt. Die Geschlechtsreife tritt beim männlichen Tier im allgemeinen mit zehn bis fünfzehn Monaten ein. Vorher sollte keinesfalls kastriert werden.

Bei der Kastration des Katers werden unter Vollnarkose die Keimdrüsen entfernt. Für den Tierarzt ist dies ein Routineeingriff. Bei der Sterilisation wird durch chirurgischen Eingriff ein Teil des Samenleiters durchtrennt, wodurch die Fruchtbarkeit, jedoch nicht das Paarungsverhalten gestoppt wird. Außerdem ist die Sterilisation eines männlichen Tieres schwieriger und auch teurer als eine Kastration.

Beim Eintritt der sexuellen Reife des weiblichen Tieres mit etwa acht bis zwölf Monaten ist die Katze ungewöhnlich liebebedürftig. Sie reibt ihr Köpfchen an allen sich bietenden Gegenständen. Während sie die Vorderbeine einknickt, hebt sie ihr Hinterteil mit seitlich abgedrehten Schwanz in die Höhe oder rollt ihren Körper unter gurrenden Lauten von einer Seite zur anderen. Sie ist „rollig". Wird mit der Katze nicht gezüchtet, sollte sie kastriert werden, niemals jedoch vor ihrer ersten Rolligkeit. Der Tierarzt wird durch Entfernung der Eierstöcke (und Gebärmutter) eine weitere Brunst verhindern. Dieser Eingriff wird oft irrtümlich als Sterilisation bezeichnet, die bei gleich schwierigem Eingriff nur die Unterbindung der Eileiter beinhaltet. Somit wäre die Katze zwar unfruchtbar, würde jedoch in regelmäßigen Zeitabständen weiterhin rollig werden.

Eine Sterilisation wird dem Besitzer nicht die erwünschte Verhaltensänderung bringen. Der Kater wird weiterhin Harn verspritzen und die Katze auch künftig rollen. Deshalb wird der Tierarzt eine Kastration immer vorziehen. Der Eingriff benötigt eine Vollnarkose. Die Augen des Patienten sind während dieser Zeit geöffnet. Für den Besitzer sieht dies schlimmer aus, als es in Wirklichkeit ist. Man nimmt die Katze nach dem Eingriff wieder mit nach Hause und bereitet ihr ein warmes, ausbruchsicheres Lager in Heizkörpernähe. Eine Narkose ist zwar schnell vorüber, doch die Tiere benötigen ein paar Stunden, um wieder fest auf ihren Beinen stehen zu können. Deshalb sollte man sie in einen Wäschekorb betten, den sie verlassen können, sobald ihr Kopf wieder klar ist.

Durch eine Kastration wird weder die Lebensfreude des Katers noch die der Katze herabgesetzt. Kastraten beiderlei Geschlechts sind ruhige, gemütliche Hausgenossen, mitunter sogar verspielt wie Katzenkinder. Weil keine Geschlechtshormone mehr produziert werden, leben Kastraten streßfreier und in der Regel auch gesünder als unkastrierte Tiere. Sie sind bessere Futterverwerter. Deshalb befürchten manche Leute, Kastraten würden zuviel Fett ansetzen. Doch dieses Problem hängt einzig und allein von ihren Besitzern ab. Bei falscher Fütterung rundet sich nun mal ein Bäuchlein.

Ahnentafel – warum?

Kaufen Sie niemals ein Kätzchen ohne Stammbaum, denn kein seriöser Züchter wird Ihnen ein Tier ohne Ahnentafel anbieten. Unsere Vereinssatzungen schreiben eindeutig vor, alle Jungtiere eines Wurfes zu melden. Danach erhält jedes Kitten seine Zuchtbuchnummer, die Bestandteil seiner Papiere bleibt.

Bietet man Ihnen ein Kartäuserchen ohne Stammbaum an und erzählt irgendeine ergreifende Geschichte, dürfen Sie glauben, daß etwas nicht einwandfrei ist. Bei einer Schar gesunder und quicklebendiger Jungtiere wird jeder Züchter ihre Abstammung stolz präsentieren. Außerdem wird ein Kätzchen ohne Abstammungsurkunde viel niedriger im Preis, und welcher Züchter wird ohne einen triftigen Grund seine Jungtiere ohne Papiere abgeben?

Drei Monate liebevolle Aufzucht erfordern eine ganze Menge Kosten, die sich im späteren Preis niederschlagen. Ein gesundes und kräftiges Katzenkind wird immer seinen Preis wert sein, nicht aber ein schwaches, kränkelndes! Die später anfallenden Tierarztkosten wiegen den niedrigeren Kaufpreis niemals auf.

Ahnentafel

Muster

Name	*Gr.Ch.d'E.Alpha v.Freien Grund*
Geboren	04.November 1986
Geschlecht	weiblich
Neststärke	3,2
Eingetr Zuchtbuch-Nr.	
Rasse	*Kartäuser*
Farbe	*blau*
Nr.	16

Eltern

1 Vater
Gr.Ch.Int. **Blue-Jewel GCCF**
ZB-Nr. 089354 — Rasse Kartäuser Nr. 16 — Farbe blau

2 Mutter
Bijou v.Sisha Pangma
ZB-Nr. 05881-2 — Rasse Kartäuser Nr. 16 — Farbe blau

Großeltern

Nr.	Name	ZB-Nr.	Rasse	Nr.	Farbe
3	Michener	089353	Kartäuser	16	blau
4	Candela Salome	079119	Europ.Kurzhaar	15	schwarz
5	E.Ch. Blue-Andy v.Freien Grund	05398-2	Kartäuser	16	blau
6	Katrin v.Schaephuysen	05397-2	Europ.Kurzhaar	28	blaucreme

Urgroßeltern

Nr.	Name	Nummer
7	Ch. Vanathan Blue Bear	079120 / 16
8	Ch. Balin Bush Baby	089349 / 16
9	Gr.Ch. Capstone Peter Pan	002774 / 16
10	Lowenhaus Jezebel	089352 / 36
11	Ch.Int. Jethro's Guy Ronald	053981-2 / 16
12	Diona-Dixi v.Leedhof	053982-2 / 16
13	Ch.Int. Helios v.Dionysius	05388-2 / 16
14	Ch. Panda's Cr.Carlson	05387-0 / 17

Ururgroßeltern

Nr.	Name	Nr.
15	Sweethope Panache	16
16	Ch.Belmont Ballerina	16
17	Gr.Ch.Int.Brynbuboo L.Mon.	16
18	Jaydess Polly Flinders	16
19	Ch.Jezreel Jomo	16
20	Jezreel Juju	16
21	Ch.Jezreel Mosstyn	15
22	Ch.Lowenhaus Darquella	30
23	Ch.Lux v.Someren	16
24	Panda's Lady Ester	16
25	Ch.Int.Jethro's Guy Ronald	16
26	Shalimar v.Revelk	16
27	Adonis d.3 Continents	16
28	Ch.Feronia Gray Kay	16
29	Pr.Int.Parmenas v.Diaspora	17
30	Westways Anne o.Cleves	17

Züchter: Annelie Durth, Freier Grund 44, 5909 Burbach 3

Namensschutz: vom Freien Grund 103084/29760784

Die obengenannte Katze wurde heute in das Zuchtbuch eingetragen. Die Übereinstimmung dieser Ahnentafel mit den Angaben des Zuchtbuches und den Eintragungen im Zuchtbuch bestätigt.

den 15. Dezember 19.. 86

Siegel   Der Vorstand

30

Die richtige Grundausstattung

Mit ein wenig Glück fanden Sie bereits den Züchter Ihres Vertrauens. Ihr Kartäuserkind wurde geboren und voller Begeisterung haben Sie Ihre Katze schon angezahlt. Sie verfolgen mit Ungeduld und Spannung die Entwicklung Ihrer Wunschkatze und würden am liebsten den Zeitpunkt des Abholens herbeizaubern. Nur nicht nervös werden, Ihr Kartäuserbaby fühlt sich im Augenblick bei der Mutter noch am wohlsten. Es braucht die Geborgenheit, an ihrer Brust nach Milch zu stampfen, nicht zuletzt auch die Nestwärme seiner Geschwister.

Nun sollten Sie sich langsam Gedanken über die Grundausstattung Ihres zukünftigen Hausgenossen machen. Wenn Ihr Kätzchen sein neues Heim betritt, sollte alles hergerichtet sein.

Das Wichtigste, was Ihr Kartäuserchen benötigt, ist eine Katzentoilette. Sie bekommt einen Platz, den Ihr Kätzchen immer und zu jeder Zeit erreichen kann. Haben Sie eine sehr große Wohnung, dann besorgen Sie sich am besten zwei Toiletten. Als Füllung kaufen Sie zunächst die gleiche Sorte Katzenstreu, die Ihr Züchter auch verwendet. So wird Ihrem neuen Familienzuwachs die Umstellung nicht schwer fallen.

Für den Transport Ihres Kartäuserchens benötigen Sie einen geeigneten Korb. Die handelsüblichen Tragetaschen sind aus Weichplastik und haben sehr wenig Luftzirkulation. Ich möchte Ihnen von diesen abraten, weil Katzen darin schnell ins „Schwitzen" geraten. Weidenkörbchen gibt es in vielen Varianten, und sie sind als Wohnungs-Schlafplatz recht hübsch, doch zum Transport eignen sich am besten die für Flugreisen zugelassenen Transportbehälter (Sky-Kennel). Sie lassen sich in Einzelteile zerlegen und sind leicht zu reinigen.

Ihre Katze wird sich bei Ihnen erst richtig wohl fühlen, wenn Sie ihr eine Kratz- und Klettergelegenheit hergerichtet haben. Schauen Sie sich die reichhaltigen Kratzbaum-Angebote an. Lassen Sie sich vielleicht anspornen, selbst Hand anzulegen, und präsentieren Sie Ihrem neuen Hausgenossen ein phantasievoll gestaltetes Kletterrevier. Nicht nur Ihr Kätzchen, auch Ihre Möbel werden es Ihnen danken.

Futternäpfe und Wasserschüsseln sollten nach Möglichkeit keine Plastikgefäße, sondern aus Porzellan oder Edelstahl sein. Sie sind leicht zu reinigen und vor allem spülmaschinenfest.

Große Fertigfutter-Angebote finden Sie in jedem Supermarkt, Zoo- oder Futtermittelgeschäft. Für den Anfang jedoch sollten Sie bei Ihrem

Züchter rückfragen, was er seinen Katzenkindern füttert, und dieses Futter besorgen.

Europäisch Kurzhaarkatzen sind sehr pflegeleicht und brauchen normalerweise keine Bürsten und Kämme. Für die tägliche Fellpflege genügen intensive Streicheleinheiten. Dennoch sollten Sie sich einen kleinen Spezialkamm mit gesägten, abgerundeten Zähnen, eine Babybürste und einen Striegelhandschuh aus Gummi, der nur die losen Haare entfernt, zulegen. Meine Katzen schwelgen in Glück, wenn ich ihnen mit dem Kamm zart durchs Fell streiche. In der Zeit des Haarens ist es außerdem wichtig, der Katze so ihre tägliche Fellpflege zu erleichtern.

Kartäuserkatzen sind sehr gelehrig und lassen sich von klein auf an die Leine gewöhnen. Besser als ein Halsband hat sich das Brustgeschirr bewährt. Für Garten, Camping oder Reisen sollten Sie es immer bereithalten.

Spielzeug zu kaufen ist manchmal überflüssig. Meine Katzenkinder wählen ihr Spielzeug am liebsten selber aus. Eine Züchterin aus Weimar schenkte mir irgendwann ein selbstgehäkeltes Mäuschen, das sie mit ausgekämmter Wolle ihrer Perserkatzen gefüllt hatte. Meine Katzen benahmen sich rein närrisch vor Freude. Kleine Stoffsäckchen, mit Katzenminze gefüllt und zugenäht, oder Stoff- bzw. Fellfetzen, die Sie mit einem Seil an dem Kletterbaum befestigen können, werden als Spielzeug „fast" immer akzeptiert. Mit Walnüssen, Tischtennis- oder Gummibällchen oder ähnlichem wird gerne gespielt und „Mäuschen gejagt". Wichtig ist lediglich, das Spielzeug öfter auszuwechseln, wenn das Interesse daran ermüdet. Egal, was Sie aussuchen, Sie müssen nur aufpassen, daß ihr Katzenkind nichts verschlucken, sich nicht verletzen oder vergiften kann.

Nicht zuletzt gehört die Auswahl des Tierarztes natürlich auch zu den Vorbereitungen. Erkundigen Sie sich nach einem guten Tierarzt in Ihrer Umgebung. Seine Adresse sollten Sie sich notiert haben, noch bevor Sie Ihr Kartäuserkind in den Armen halten.

Grundausstattungs-Liste

- Katzentoilette
- Schäufelchen
- Streu (Züchter fragen)
- Transportbehälter, Schlafkörbchen
- Kratzbaum
- Eß- und Trinknapf
- Katzenfutter (Züchter fragen)
- Leckerchen (Züchter fragen)
- Kamm mit runden Zinken, weiche Babybürste, evtl. Striegelhandschuh
- evtl. Geschirr mit Leine
- Katzenspielzeug
- Tierarztadresse

Eine „Katzenkinderstube" wie im Bilderbuch haben die Jungtiere „vom Zwergental".
Mit so einer komfortablen Kletterstation oder einem selbstgebauten Katzenbaum –
Hauptsache die Möbel bleiben verschont.

34

Beispiel eines Kaufvertrages

KAUFVERTRAG

Herr/Frau/Familie: _____

Str./Plz.-Ort _____/_____/_____

Telefon: _____/_____

kauft die KARTÄUSER/EKH-Rassekatze, Name: _____

Geburtsdat. _____ Zb-Nr.: _____ Geschl.: _____ Farbe/Nr: _____/___

zum Preis von DM _____ als   O Zucht- und Ausstellungstier   O Liebhabertier

1. Der Verkäufer leistet für die von ihm zur Zuchtbucheintragung gegebenen Angaben Gewähr.
2. Der Verkäufer versichert, daß in seinem Haushalt keine Katzen mit erkannten Infektionskrankheiten leben.
3. Der Käufer verpflichtet sich, die Katze ausschließlich als Liebhabertier oder zur ordentlichen Zucht zu kaufen. Zucht oder Weiterverkauf aus gewerblichen Gründen oder für Tierversuche, sowie unzumutbare Haltung berechtigen den Verkäufer zur unentgeltlichen sofortigen Rücknahme der Katze und zu rechtlichen Schritten.
4. Bei Vertragsabschluß ist Anzahlung in Höhe der Hälfte des Kaufpreises, mindestens jedoch DM 200,– zu leisten. Tritt der Käufer vorzeitig vom Vertrag zurück, verfallen DM 200,– des Anzahlungsbetrages. Wird bei vereinbarter Abholung der Termin um 7 Tage versäumt, erlischt der Anspruch auf das vorbestellte Tier.
5. Die Katze wurde mehrfach entwurmt und vor Abgabe einer Untersuchung durch den Tierarzt unterzogen. Sie ist frei von äußeren und inneren Parasiten, Krankheiten wurden nicht festgestellt. Die Katze kommt aus Leukose-, FIP- u. FIV-negativer Zucht und besitzt vollen Impfschutz gegen Katzenseuche, -schnupfen und Tollwut. Ahnentafel und Internationaler Impfpaß werden bei Übergabe dem Käufer ausgehändigt ...
   Weitere Impfungen: _____ O Leukose _____ O FIP _____
6. Bis zur vollständigen Bezahlung bleiben sämtliche Papiere der Katze in Händen des Verkäufers. Die Katze bleibt bis zur vollständigen Bezahlung Eigentum des Verkäufers.
7. Der Käufer gewährt dem Züchter das Recht, die Katze besuchen zu dürfen.
8. Der Verkäufer verpflichtet sich, die Katze innerhalb 10 Tagen vom Datum der Übergabe gegen Rückzahlung des Kaufpreises zurückzunehmen, wenn vom Käufer echte versteckte Mängel erkannt werden, oder wenn in dieser Zeit eine Infektionskrankheit auftritt. Andere Rücknahmegründe bedürfen der schriftlichen Vereinbarung und verpflichten den Verkäufer, seine Kosten (mindestens DM 200,–) vom Preis einzubehalten. Weitere Ansprüche auf Wandlung oder Schadensersatz sind ausgeschlossen, besonders wenn sich diese auf später festgestellte oder in Erscheinung tretende Krankheiten oder Mängel (erworbene wie auch erbgebundene) gründen.
9. Beim Weiterverkauf der Katze hat der Verkäufer vorrangig Vorkaufsrecht, welches er innerhalb von 2 Wochen nach erfolgter schriftlicher Mitteilung durch den Käufer ausüben kann. Der Rückgabepreis bedarf der Vereinbarung, darf jedoch den Kaufpreis nicht übersteigen.
10. Beim Kauf eines Liebhabertieres darf die Katze nicht zur Zucht eingesetzt und muß nach Eintritt der Geschlechtsreife kastriert werden.

Änderungen dieses Vertrages bedürfen der Schriftform.
Käufer und Verkäufer erhalten je eine Ausfertigung des Vertrages.
Gerichtsstand für beide Vertragspartner ist der Wohnort des Züchters

Unterschrift des Verkäufers _____

Unterschrift des Käufers _____

Anzahlung über DM _____ bar/Scheck erfolgte am _____

Restzahlung ü. DM _____ bar/Scheck erfolgte am _____

Zehn Grundregeln für gute Partnerschaft

1. Ich wünsche mir viel Zuwendung von „meinem" Menschen. Ein wenig Geplauder, Streicheleinheiten und Liebkosungen sollten mehrmals täglich auf dem Programm stehen. Ich bitte Dich, auf meine Wünsche einzugehen. Weise mich nicht ab, wenn ich mit Dir spielen möchte.

2. Wenn ich schlafe, dann solltest Du dies respektieren und mich nicht aufwecken. Auch ich möchte mal meine Ruhe haben. Kein Kätzchen mag abrupt aus seinen „Mäuseträumen" gerissen und vom Sessel gejagt werden. Lieber Mensch, such' Dir bitte eine andere Sitzgelegenheit.

3. Ich hasse Schreien und Zanken. Deshalb sollte mein Mensch Rücksicht nehmen, Wutausbrüche tunlichst vermeiden und normale Lautstärke beibehalten. Übrigens: Wer schreit, hat Unrecht!

4. Bitte lieber Mensch, halte mein Katzenklo immer sauber. Auch Du würdest Dich ekeln, eine verschmutzte Toilette benutzen zu müssen.

5. Bitte gib mir einen Platz auf der Fensterbank, wo ich in der Sonne dösen kann. Auch ein wenig Katzengras kann meiner Gesundheit nur gut tun.

6. Denke daran, daß Du mir niemals zu heißes oder zu kaltes Essen gibst, das würde mir gar nicht bekommen.

7. Das Schlimmste, was ein Mensch mit mir machen könnte, wäre, mich am Nackenfell hochzunehmen. Es tut weh und kann uns Katzen arg verletzen. Lieber Mensch, nimm mich immer behutsam mit beiden Händen hoch. Dann kuschel ich mich gern in Deine Arme.

8. Zieh mich niemals am Schwanz und zupfe nicht an meinem Pelz oder den Schnurrhaaren. So etwas ist gemein, und ich finde das gar nicht witzig.

9. Bitte lieber Mensch, bringe mich umgehend zum Tierarzt, wenn ich krank bin. Er versteht meine „Katzensprache" besser als Du. Er wird tun, was in seiner Macht steht, um mir zu helfen.

10. Auch ich werde einmal alt. Sorge dafür, daß ich auch dann nicht im Stich gelassen werde, wenn ich nicht mehr die flotte Göre von heute bin. Bitte lieber Mensch, sei bereit, mir auch im Alter ein trautes Heim und einen Platz an Deiner Seite zu bieten.

Zusammen leben – sich verstehen

Ein Kartäuserchen zieht ein

Zwölf Wochen vergehen wie im Fluge und endlich ist es dann soweit: Sie bekommen Ihren lang ersehnten Familienzuwachs „Kartäuserkatze". Sind Sie berufstätig, sollten Sie sich für den „Einzug" Ihres Katzenkindes ein paar Tage Urlaub nehmen oder wenigstens ein verlängertes Wochenende planen. So können Sie sich voll und ganz Ihrem Kätzchen widmen.
Der Züchter händigt Ihnen Ahnentafel und Impfpaß aus, und Sie zahlen den Restbetrag.
Kätzchen sollten im Alter von zwölf Wochen vollen Impfschutz haben, das bedeutet: zweimal Katzenseuche, zweimal Katzenschnupfen und eventuell Tollwut. Das Kätzchen sollte aus Leukose-, FIP- und FIV-negativer Zucht stammen. Nicht zu vergessen wäre noch der Kaufvertrag, ohne den Sie niemals einen Katzenkauf tätigen sollten. Diese kleine Formalität ist eine Absicherung – sowohl für den Züchter als auch für Sie.
Lassen Sie sich über die Futtergewohnheiten informieren (siehe Fütterungstips für Katzenkinder). Danach dürfen Sie Ihr Kätzchen mit nach Hause nehmen. Stellen Sie das Frischluftgebläse in Ihrem Auto ab, denn Katzen sind gegen Zugluft recht empfindlich. In Windeseile entwickelt sich eine Erkältung, und Ihre große Freude endet erst einmal in Ratlosigkeit und Entsetzen.
Gut zu Hause angekommen, zeigen Sie Ihrem neuen Familienmitglied zunächst die Katzentoilette (wichtig!) und seinen Eßplatz. Geben Sie Ihrem Kätzchen vom ersten Augenblick an sehr viel Zuwendung, damit die Trennung von Mutter und Geschwistern nicht zu schwer empfunden wird. Bedenken Sie, daß das Kleine zum ersten Mal allein ist und ein völlig neues Leben beginnt. Behutsames Zureden und spielerische Ablenkung mit Bällchen oder Mäuschen lassen Ihr Katzenkind schnell seine Scheu überwinden. Sobald es sich bei Ihnen zu Hause fühlt, wird es mit hoch erhobenem Schwanz alle Räumlichkeiten inspizieren, bis es einen guten Schlafplatz gefunden hat. Oft ist es nicht das teure Körbchen, welches Sie eigens für Ihre Mieze gekauft haben. Sie müssen zugeben, Ihr Bett ist doch weicher und bequemer. Ein Kätzchen träumt dort viel, viel besser... Allerdings sollten Sie beachten: Einmal Bett – immer Bett! Wenn Sie nicht wollen, daß Ihr Katzenkind sich regelmäßig

in Ihr Kissen kuschelt, dann dürfen Sie anfangs nicht erlauben, was später untersagt wird. Ihr Kätzchen würde dies nicht verstehen und weinend an der Schlafzimmertür kratzen. Jedem „Katzenmenschen" blutet bei solchen Aktionen das Herz. Er gibt schließlich nach und holt das klagende Kätzchen zu sich ins Bett.

Machen Sie Ihrem Liebling eine besondere Freude, indem Sie ihm ein Spielhäuschen bauen. Meine Katzenbabies hatten den meisten Spaß mit zurechtgeschnittenen Pappkartons, mit denen sie sich stundenlang beschäftigen konnten. Aus einem festen Pappkarton können Sie außerdem eine ideale Schlafhöhle zaubern. Sie ist nicht nur preiswert, sondern wird meist von Katzen eher akzeptiert als jegliche teuren Körbchen oder Katzensofas. Sie besorgen sich einen Karton in den Abmessungen von etwa $50 \times 40 \times 30\,cm$ oder $40 \times 40 \times 30\,cm$ oder eine große Waschmitteltrommel, die vorher natürlich gründlich gesäubert werden muß. Sie schneiden in die Vorderseite ein Loch von etwa 18 bis 20 cm Durchmesser. Bevor der Karton verschlossen wird, legen Sie ein weiches Kissen hinein. Ein Rest Teppichboden, Tapete, bunte Selbstklebefolie oder Teddystoff wird zur Verschönerung auf die Außenwände geklebt. Damit der Einstieg zur Höhle nicht so leicht einreißt, bedient man sich eines Gummischlauches in Länge des Lochumfanges. Man schlitzt ihn der Länge nach auf und führt den offenen Schlauch über den Rand der Öffnung. Diese Art von Kantenverzierung ist nicht nur praktisch, sie sieht zugleich ordentlich aus.

Wer erzieht wen?

Ein unerfahrener Katzenbesitzer wird sehr schnell feststellen, daß sein Liebling sein ganzes Tun und Handeln zu beeinflussen vermag, denn: Die Katze prägt den Menschen und die Wohnung – nicht umgekehrt. Eine Katze wird zunächst „ihren Menschen" erziehen, indem sie ihm zeigt, wie ein „Katzenhaushalt" auszusehen hat. Kartäuser sind zwar keine „Langfinger", aber wer kann schon einem verlockenden Fleisch- oder Fischduft widerstehen. Wer nach dem Einkaufen offene Lebensmittel auf Arbeitsplatte oder Tisch liegenläßt, darf sich nicht wundern, wenn sie Miezes Aufmerksamkeit erregen. Das gleiche gilt für nicht abgeräumte Tische nach den Mahlzeiten.

Vorsicht bei offenstehenden Schranktüren, Schubladen, Waschmaschinen- oder Trocknertüren. Sie üben auf Ihren neuen Hausgenossen eine magische Anziehungskraft aus. Junge Kartäuserkatzen sind recht neugierig und müssen wirklich alles inspizieren. Deshalb sollten Sie sich angewöhnen, die Türen Ihrer Arbeitsgeräte und Möbel immer geschlossen zu halten.

Nach dem Bügeln sollten Sie das heiße Eisen nicht auf dem Bügeltisch abstellen und das Zimmer verlassen. Ihr Kätzchen würde versuchen, sein Schlafplätzchen gerade hier einzunehmen. Das Bügeleisen könnte das Tier verletzen, deshalb räumen Sie nach getaner Arbeit immer alles weg.

Kartäuser sind sehr anpassungsfähig. Sie finden bald heraus, wann Sie zu Bett gehen und wann der Wecker klingelt. Wenn Sie von Montag bis Freitag morgens um sechs Uhr aufstehen, wird Ihre Katze Sie am Wochenende Punkt sechs Uhr wecken. Sie wird Sie so lange bedrängen, bis sie ihr Ziel erreicht hat.

Katzenkinder versuchen gelegentlich, die Beine „ihres" Menschen als Kratz- und Kletterbaum zu benutzen. Dies ist besonders bei nackten Beinen unangenehm und schmerzhaft. Solange Jungtiere durch meine Wohnung flitzen, trage ich bei der Hausarbeit nur robuste Jeanshosen, denen können Katzenkrallen so leicht nichts anhaben.

Bei der „Erziehung" Ihres Kartäuserkätzchens müssen Sie ein wenig Geduld aufbringen. Sie sollten von Anfang an wissen, welche Gegenstände für Ihre Katze erlaubt oder tabu sind. Wollen Sie etwas verbieten, sagen Sie immer wieder ein festes, klares „Nein". Ihr Kätzchen wird Schritt für Schritt lernen, was es darf und was nicht.

Und nun noch ein paar Worte zur Gemeinschaft Hund – Katze. Man sollte keine Angst davor haben, denn wenn Hund und Katze zum Feind werden, trägt meist der Mensch die Schuld daran. Lassen Sie den beiden Zeit, sich kennenzulernen, denn auch mit Hunden sind Kartäuser schnell vertraut, und sie können die „dicksten" Freunde werden. Ihr Hund wird seinen „kätzischen Spielgefährten" liebgewinnen und ihm voll und ganz hörig sein, denn ein Hund ordnet sich unter, eine Katze ordnet unter.

Dies bedeutet, daß auch eine Kartäuserkatze ihren eigenen Willen hat. Man kann sie nicht einfach „erziehen", sondern man sollte sie überzeugen! Kartäuser sind sehr klug, und mit Liebe lassen sie sich gern einiges beibringen.

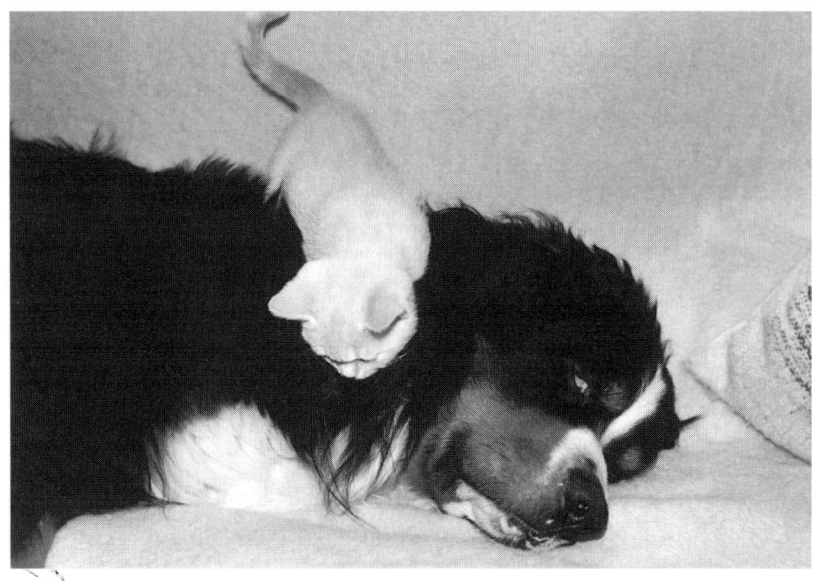

Hund im Haus? Kein Problem! Die Beiden werden die dicksten Freunde werden. Berner Sennenhund Joschi beweist es und läßt seine Spielgefährtin Dolly vom Eppenhof auf sich herumtollen. Züchter: Gennermann, Hagen-Hohenlimburg.

Gefahrenquellen in Haus und Garten

Am Weihnachtsbaume die Lichter brennen ... Für Ihre Katze kann der Weihnachtsbaum gefährlich werden. Junge wie ältere Katzen sind fasziniert von Lametta und bunten Glaskugeln, die sofort zum Spiel animieren. Wenn sie herunterfallen und zerbrechen, kann das Tier schlimme Verletzungen davontragen. Verzichten Sie aufs Lametta, an dem eine Katze nicht herumknabbern sollte. Halten Sie Ihre Katze unter Aufsicht, sobald die Kerzen brennen. Ein unbeobachteter Sprung in den Baum könnte einen furchtbaren Wohnungsbrand auslösen.

Als Katzenhalter sollten Sie schon beim Einkaufen überlegen, welches Putzmittel oder welche Pflanze Ihrem Schützling Schaden zufügen können. In manchen Büchern wird vor dem Weihnachtsstern gewarnt: er soll für Katzen als äußerst gefährlich gelten. Die Pflanze gehört zur Familie der Wolfsmilchgewächse (giftig), und ich habe sie meiner Katzen wegen jahrelang gemieden. Der Pharmakologe Carl S. Hornfeldt machte in Zusammenarbeit mit dem Giftzentrum von Minneapolis, USA eine interessante Feststellung: „Lediglich ein einziger Fall von Vergiftung aus dem Jahre 1919 war bekannt geworden, bei dem eine Katze nach dem Knabbern an einem Weihnachtsstern Bauchschmerzen bekam. Die wirkliche Ursache wurde damals nicht abgeklärt. Bei Untersuchungen Hornfeldts zeigte sich eindeutig, daß Katzen, die an Weihnachtssternen geknabbert hatten, genauso wenig Krankheitserscheinungen zeigten, wie jene, die andere ungiftige Pflanzen verzehrten. Damit wurde bewiesen, daß der Weihnachtsstern lange Zeit fälschlicherweise als katzengiftig galt. Er darf ohne Bedenken die weihnachtliche Wohnung schmücken."

Ich möchte dazu bemerken: Vorsicht ist besser als Nachsicht! Eine Katze sollte beobachtet werden. Sobald sie an Pflanzen herumknabbert, sollte man diese entfernen. Jede Pflanze kann als katzengiftig gelten, wenn sie mit Pestiziden behandelt wurde. Fragen Sie bitte vor dem Kauf einer Pflanze nach Herkunft und Pestizidbelastung. Wasser aus Blumenvasen kann gleichermaßen zu Vergiftungen führen. Katzen fressen gelegentlich Gras, nicht weil sie es mögen, sondern um verschluckte Haarballen wieder loszuwerden. Deshalb sollten Sie Ihrer Katze zuliebe Weizen oder Hafer in einem Blumentopf aussäen. Auch das in Zoogeschäften erhältliche Katzengras wird gerne angeknabbert. Ein Strauch Zyperngras (Papyrus) auf Ihrer Fensterbank läßt ein Katzenherz höher schlagen und ist schnell „abgegrast".

Achten Sie beim Einkauf auf die Inhaltsstoffe Ihrer Reinigungs- und Desinfektionsmittel; es sollten keine Phenole enthalten sein. Seit Jahren benutze ich nur Neutralreiniger und umweltfreundliche Reinigungskonzentrate, die auf der Basis natürlicher Wirkstoffe hergestellt sind.

Bei Gebrauch von Frostschutzmitteln ist allergrößte Vorsicht geboten. Ihr Kätzchen braucht nur daran zu lecken und trägt tödliche Vergiftungen davon. Raucher sollten sich angewöhnen, ihre Zigarettenschachteln nicht offen herumliegen zu lassen. Auch mit Kippen gefüllte Aschenbecher können zum Verhängnis werden. Das Kauen von Zigaretten kann für eine Katze zu starken Vergiftungen mit Todesfolge führen.

Gehen Thermoskanne oder Fieberthermometer zu Bruch, dann entfernen Sie schnellstens Ihre Katze aus dem betreffenden Raum. Quecksilberkügelchen rollen wie Perlen und animieren zum Spiel. Aber Achtung: Quecksilber ist tödlich giftig!

Kalte Steinfußböden können bei Wohnungskatzen rasch zu einer Erkältung führen, Deshalb sollten Sie gerade bei Jungtieren darauf achten, daß ihr Liegeplatz von unten her warm ist.

Vorsicht bei Strom! Steckdosen in Bodennähe sollten mit Kindersicherungen versehen sein, und lose, stromführende Kabel sind nichts für Katzenzähnchen. Bei einem Stromschlag von 220 Volt gibt es für ein Kätzchen keine Rettung mehr.

Kippfenster sollten in einem Katzenhaushalt tabu sein, weil sie rasch zu einer Todesfalle werden. Offene Fenster und Balkons sollten durch Drahtnetze (Fachhandel) geschützt werden.

Für unbeaufsichtigte Katzen können Wollknäuel zum tödlichen Spielzeug werden. Wenn sich ein Faden um den Hals windet, wird dem Kätzchen die Kehle abgeschnürt. Eines meiner Jungtiere verfing sich einmal mit dem Hals in einem festen Faden unserer Flurgardine. Ich hörte ein Japsen und konnte durch mein schnelles Eingreifen schlimmeres verhindern. Wäre ich nicht daheim gewesen, hätte das für mein Kätzchen den sicheren Tod bedeutet.

Katzen lieben Tüten. Ehe man sich versieht, sind sie hineingeschlüpft, um zu spielen. Luftundurchlässige Plastiktüten bedeuten deshalb eine tödliche Gefahr für Ihre Katze, denn aus ihnen gibt es nicht immer rechtzeitig ein Entrinnen. Waschmaschinen- und Trocknertüren sollten Sie immer schließen. Vorsicht bei eingerollten Teppichen, aus denen es für ein Kätzchen manchmal kein „Zurück" mehr gibt. Auch abgestellte Möbelteile oder Bretter können umfallen und zu schwersten Verletzungen führen.

Bei Unfällen jeglicher Art sollte unverzüglich der Tierarzt aufgesucht werden! Nur er kann für jeden Fall von Erster Hilfe die richtige Maßnahme ergreifen.

Gefahrenliste

- Weihnachtsbaum, Kerzen, Kugeln, Lametta
- Nadeln, Nägel, Schrauben
- Nähgarn, kleine Knöpfe, Wolle, Geschenkbändchen
- Plastiktüten, Styropor- und Schaumstoffstücke, Gummiringe
- Kippfenster, Spül-, Waschmaschine, Wäschetrockner
- Heiße Herdplatten, Backofen, Streichhölzer, offenes Feuer

- Zigaretten, Zigarren, Tabak
- Heizöl, Säuren, Quecksilber, phenolhaltige Haushaltsreiniger
- Frostschutzmittel, Insektizide, Rattengift, Unkrautvertilgung
- Schmerzmittel/Aspirintabletten (Lassen Sie Ihre Medikamente niemals offen liegen!)
- Alpenveilchen, Azalee, Efeu, Eibe, Flamingoblume, Fingerhut, Flieder, Krokus, Geranie, Goldregen, Maiglöckchen, Narzisse, Oleander, Philodendron, Seidelbast, Tulpe

Mehr als tausend Worte...

Entgegen der alten unverständlichen Volksmeinung ist eine Katze keineswegs „falsch". Nur wer ihre Sprache kennt, kann an ihren Gesten genau erkennen, was sie sagen und tun will. Wir müssen uns immer vor Augen halten, daß alle Bewegungen und Äußerungen unserer Katze total ehrlich sind, ganz im Gegensatz zum Menschen. Unser Reden und Tun bewirkt oft Dinge, die sich ohne Zweifel nicht immer mit unserem Denken vereinbaren lassen.

Wir Menschen gebrauchen unsere Sprache oft nur, um geheime Gedanken dahinter zu verbergen. Bei der Katze jedoch gibt es keine Verstellung. Den Katzenkennern ist bekannt, daß sich Samtpfoten nicht nur mit der Stimme, sondern auch mit bestimmten Gesten, der sogenannten Körpersprache verständigen. Unsere Katze versteht es vorzüglich, mit Ohren, Augen, Schwanz usw. zu reden. Mit ein wenig Beobachtungsgabe begreifen wir dieses „Catwatching."

So unterscheiden wir schnell zwischen Ablehnung und Zuneigung. Mit ihrer Körpersprache zeigt die Katze einzig und allein nur das, was sie gerade wirklich fühlt. Mark Twain hat einmal etwas gesagt, was sehr nachdenklich stimmt: „Unter sämtlichen Geschöpfen Gottes gibt es nur eines, das nicht zum Sklaven der Peitsche gemacht werden kann. Dieses Geschöpf ist die Katze. Wenn der Mensch mit der Katze gekreuzt werden könnte, so würde der Mensch verbessert, die Katze aber verschlechtert".

Wenn sie um unsere Beine streicht und ihr Köpfchen reibt, ist sie sehr liebebedürftig und möchte gestreichelt werden. Dies dankt sie uns wiederum mit leisem Schnurren. Sie zeigt dieses Verhalten zur Begrüßung und als Zuneigungsbeweis.

Manchmal liegt sie schnurrend auf unserem Schoß. Plötzlich beginnt sie, in rhythmischen Abständen mit den Vorderpfoten auf unserem Bauch zu „treteln". Dies ist ein kleines Überbleibsel aus ihrer Kindheit, als sie an Mutters Bauch nach Milch gestampft hat. Es soll sagen: „Bei Dir fühle ich mich geborgen."

Ist sie mißtrauisch oder verunsichert, schlägt sie mit heftigen Bewegungen ihren Schwanz von einer Seite zur anderen. Es bedeutet: „Ich bin mir da nicht sicher."

Katzenohren können die affektive Stimmung einer Katze gezielt ausdrücken. Geduckte Haltung mit angelegten Ohren bedeuten: „Nimm dich in acht, ich kann gefährlich sein!"

Sträubt sie ihr Fell und wird ihr Schwanz dabei zur dicken Staubquaste, fühlt sie sich durch irgend etwas beängstigt und erschreckt.

Liegt eine Katze in Gegenwart ihres Menschen völlig entspannt auf dem Rücken und streckt alle Viere von sich, ist dies ein Zeichen für allergrößte Zuneigung, die sie einem entgegen bringt. Diesen Vertrauensbeweis, den Bauch offen darzulegen, schenkt uns die Katze nur, wenn sie sich absolut sicher fühlt.

Der „Katzenbuckel" bei seitlicher Körperhaltung signalisiert Abwehr. Diese Geste sieht man oft bei spielenden Jungtieren, die schon früh damit beginnen, fürs Leben „spielend" zu lernen. Es belustigt mich immer wieder, umhertollenden Katzenkindern zuzuschauen. Sie „buk-keln", bieten einander die Breitseite und erklären auf diese Weise: „Sieh Dich vor, ich bin groß und mächtig!"

Katzen reagieren sehr stark auf unsere Blicke: Schaut man sie an und schließt seine Augen, wiederholen sie diese Geste. Ich rate Ihnen, versuchen Sie's! Sie werden fasziniert sein von soviel gegenseitigem Verstehen. Jessica sitzt mir gegenüber und schaut mich mit großen Augen an. Ich schließe meine Augen, öffne sie langsam und schaue zu Jessi. Sie blinzelt und wiederholt meine Gesten. Diese Augensprache geht manchmal über mehrere Minuten und beruhigt ungemein.

Sie sollten sich schon ein wenig Mühe geben, Ihre Katze zu verstehen. Sobald Sie gelernt haben, ihre Gesten richtig einzuschätzen, werden auch Sie von ihr verstanden.

Ernährung

Katzen sind ausgeprochene Feinschmecker. Sie verzehren bzw. essen und trinken ihre Mahlzeiten nicht weniger niveauvoll als wir Menschen. Deshalb wehre ich mich dagegen, die Worte Fressen und Saufen zu benutzen. Manche von Ihnen wird dies zu einem mitleidigen Lächeln bewegen, doch wenn man mit Katzen lebt und sie liebt und wenn man sie als Familienmitglieder betrachtet, dann sollte man ihnen auch gebührenden Respekt entgegenbringen können.

Futterangebote gibt es reichlich. Egal, ob Sie sich für Dosennahrung oder Trockenfutter entscheiden, es wird nicht falsch sein. Beim Futterkauf sollten Sie sich nur überzeugen, daß keine Farb- oder Konservierungsstoffe enthalten sind. Ich füttere seit Jahren ein Trockenfutter, mit dem außer mir noch viele andere Züchter die besten Erfahrungen gemacht haben. Es enthält sehr wenig Feuchtigkeit. Deshalb sollte immer genügend frisches Wasser zur Verfügung stehen. Außerdem reiche ich einmal am Tag eine Dose bzw. zwei Schälchen Feuchtfutter für meine vier Katzen zusammen. Als Zwischendurch-Häppchen gibt es Sahnequark, Joghurt, Käse und ähnliches.Vor dem Schlafengehen bekommt jede Mieze ihr „Leckerchen": ein paar Käsekuller oder Milchhefe-Tabletten. Einmal die Woche kaufe ich frisches Rinderherz, Lammfleisch oder Rindergulasch. Rohes Schweinefleisch ist für Katzen tabu. Es kann das tödliche Pseudowut-Virus (Aujeszkysche Krankheit) übertragen. Für unsere Katzen endet diese Infektionskrankheit immer tödlich.

Richtige Ernährung ist der erste Weg zu einem gesunden und ausgeglichenen Tier. Dazu gehört keinesfalls scharf Gewürztes oder Geräuchertes Sie sollten deshalb Ihre Katze nicht als „Müllschlucker" Ihrer Tischreste benutzen. Da sie auch als „Edelkatze" immer noch ein Raubtier ist, sind ihre Nahrungsbedürfnisse völlig anders als die der Menschen. Die Mahlzeiten freilebender Katzen bestehen aus selbstgefangenen Beutetieren samt deren Magen- und Darminhalt. Deshalb sollte die Speisekarte Ihrer Katze neben Fleisch auch geringe Mengen pflanzlicher und mineralischer Stoffe beinhalten. Selbstzubereitete Mahlzeiten sollten aus zwei Dritteln Fisch bzw. Fleisch und einem Drittel diverser Getreideprodukte bestehen. Auch das Füttern von Leber sollte bei erwachsenen Katzen auf ein Minimum beschränkt werden und bei Jungtieren ganz entfallen. Leber besitzt einen hohen Vitamin-A-Gehalt. Katzen benötigen dies zwar in gewissen Mengen, ein Zuviel kann jedoch zu Knochenschäden führen. Rohe Leber wirkt abführend, gegarte Leber dagegen stopfend. Viele Katzen mögen Joghurt oder Sahnequark. Beides ist gesund und bekommt ihnen gut. Quark wirkt leicht stopfend. Auch ein schmackhaftes Käsehäppchen wird von den meisten Katzen als Leckerei betrachtet.

Bei Fütterung von rohem Geflügel besteht Salmonellengefahr. Geflügelknochen sollten Sie Ihrer Katze weder zum Spielen noch zum Abschlecken geben. Sie splittern und sind deshalb für Katzen tabu. Bei Fisch achten Sie bitte darauf, daß Ihre Katze keine Gräte abbekommt. Salzheringe oder Räucherfisch sollten Sie ihr nicht anbieten. Süßigkeiten wie Schokolade, Plätzchen oder Kuchen sind keine Schleckereien für Ihre Mieze. Auch Frischmilch sollte nicht auf dem täglichen Speiseplan stehen. Bei vielen Katzen führt sie zu Durchfall. Mit H-Milch, H-Schlagsahne oder Dosenmilch können Sie eventuell einen Versuch wagen. Ansonsten sind im Handel spezielle Katzenmilch und viele gesunde Leckereien für Ihre Katze erhältlich.

Fütterungstips für Katzenkinder

Frisches Wasser muß immer in einem Napf bereit stehen.

Das Futter bleibt immer bis zur nächsten Mahlzeit stehen. Katzen essen im allgemeinen in kleinen Portionen und dafür häufiger. Es kann also gut sein, daß das Abendessen erst am frühen Morgen vollständig aufgegessen wird.

Jungtiere dürfen im ersten Lebensjahr soviel essen, wie sie mögen. Sie sollten also immer Futter vorfinden.

Morgens: 1/2 kleine Dose Feuchtfutter oder Babybrei gelöst in Wasser, angereichert mit etwas Büchsenmilch und eine Messerspitze Kalzan-Pulver (Apotheke). Gut durchmischen, dann 1/2 Teelöffel Hefeflocken (Fachhandel) darüberstreuen.

Mittags: Falls Frühstück aufgegessen, eventuell Rest Feuchtfutter oder etwas Fischfilet (ohne Gräten) gedünstet in Butter mit einem kleinen Schuß Wasser dazu – oder aber Fleisch. Mittagsmahlzeit kann ab einem Alter von etwa dreiviertel Jahren wegfallen.

Abends: Bei mir bekommen auch die Jungtiere rohes, durch den Wolf gedrehtes Lamm- oder Rindfleisch, angereichert (pro Kilo Fleisch) mit einem Eigelb, 50 g Haferflocken, 2 Eßlöffel Hefeflocken, 1 Teelöffel Kalzan.

Sonstiges:

Sie können auch Putenfleisch (kleingeschnitten) roh anbieten. Bratenfleisch (ohne Gewürz!) oder gekochtes Fleisch (Geflügel, Kaninchen) kann auch gefüttert werden. Manche Katzen essen auch gerne Gemüse. Karotten, Erbsen, Spargelspitzen oder Kartoffeln können mitgekocht oder unter anderes Futter gemischt werden. Dies muß ausprobiert werden.

Sie können das bevorzugte Futter vorfertigen und in Portionen einfrieren. Diese können dann bei Bedarf aufgetaut werden. Immer daran denken, Kalzan und Hefeflocken über das Futter zu streuen.

Es werden gerne gekochte Nudeln (nicht zu groß) mit etwas Butter gegessen. Weißer Thunfisch in eigenem Saft aus der Dose ist sehr beliebt, ebenso kleingeschnittener Käse (am liebsten Butterkäse) oder Frischkäse.

Milch: Erstlingsnahrung angeschüttelt mit Wasser (Verhältnis 1:1) in einem Babyfläschchen oder anderem verschließbaren Gefäß, angereichert mit einem Schuß 10 %iger Büchsenmilch, je eine Prise Traubenzucker und Kalzan. Achtung – auch hierbei auf Durchfall achten. Dann haben Sie zuviel gegeben.

Zur freien Bedienung steht bei mir immer ein Napf mit Trockenfutter. Darauf achten, daß immer frisches Wasser bereit steht.

Das Kalzan Pulver sollte bis zum Alter von einem Jahr regelmäßig gegeben werden, damit während des Wachstums genug Kalk zur Verfügung steht.

Verwöhnen können sie ihre Katze mit folgenden Produkten: Multi-Vitamin-Paste, Malt-Soft und als kalorienhaltiges Leckerchen das beim Tierarzt erhältliche Ergänzungsfuttergel.

Auch Hefetabletten werden gerne gegessen. Sie müssen ausprobieren, was ihre Katze am liebsten mag.

Urlaub mit oder ohne Katze?

In früheren Jahren hatte ich die Möglichkeit, meine Katzen während unseres Urlaubs in meinem Elternhaus unterzubringen. Als dies nicht mehr möglich war, verweilten sie bei einer Bekannten, die Katzen in Pflege nahm. Meine Tiere hatten ein Zimmer für sich allein, und es gab keine Probleme. Einmal machte ich jedoch den Fehler und brachte meine Schützlinge in eine Katzenpension, wo sie in Käfigen auf unsere

Rückkehr warteten. Als wir sie wieder abholen wollten, war Blue-Andy unauffindbar. Eine stundenlange Suche begann, bis wir ihn schließlich im nahegelegenen Schuppen fanden. In Panik hatte er sich unter Geröll und Altpapier versteckt. Machen Sie bitte niemals den gleichen Fehler wie ich! Nehmen Sie Ihre Katzenpension genau unter die Lupe, bevor Sie Ihr Tier dort unterbringen.

Heute mieten wir meist ein Haus oder Appartement und nehmen unsere Katzen einfach mit. Alles läuft seinen gewohnten Gang – unsere Familie ist komplett, und Heimweh hat keine Chance. Wenn sich allerdings die Möglichkeit bietet, daß Freunde oder Nachbarn Ihre Katze während des Urlaubs verpflegen und mit den täglichen Streicheleinheiten versorgen, wäre dies der Idealfall.

In manchen Gegenden gibt es Catsitter-Clubs, die auf Gegenseitigkeit ihre Hilfe anbieten. Auch am schwarzen Brett im Wartezimmer Ihres Tierarztes finden sich oft Zettel mit Anschriften von Katzenbetreuern. Meist sind es Tierarzthelfer oder Studenten, die sich gerne ein kleines Zubrot verdienen möchten. Sie kommen täglich in Ihre Wohnung, versorgen Ihre Katze mit Mahlzeiten und den gewohnten Streicheleinheiten. Auch der Deutsche Tierschutzbund vermittelt für den Urlaub Patenschaften für Ihre Katze. Er will damit erreichen, daß während der Urlaubszeit der vorprogrammierte Leidensweg so mancher ausgesetzten Tiere vermieden wird.

Trotz unserer offenen Grenzen in Europa gelten bei Reisen ins Ausland immer noch Einreisebestimmungen für Haustiere. Informationsblätter zu diesem Thema liegen in den meisten Tierarztpraxen aus. Achten Sie vor Reiseantritt darauf, daß Ihre Katze den gültigen Impfschutz besitzt, das heißt für Tollwut, Katzenseuche und -schnupfen.

Auto

Kartäuser fahren normalerweise gerne Auto, wobei es immer wieder Ausnahmen gibt. Beginnen Sie frühzeitig, Ihr Kätzchen ans Autofahren zu gewöhnen. Nehmen Sie es bei kürzeren Fahrten einfach mit. Nervosität bekämpfen Sie am besten mit einem halben Würfel Halkan-Zucker® (vom Tierarzt), in wenig Dosenmilch aufgelöst.

Prinzipiell gehört die Katze während der Fahrt in einen ausbruchsicheren Katzenkorb oder Transportbehälter, der so groß ist, daß sie sich leicht herumdrehen oder lang hinlegen und räkeln kann. Bei weiteren Fahrten wird ein kleiner Wassernapf in den Transportbehälter eingehängt. So wird die Reise für alle Beteiligten angenehm verlaufen.

Flugzeug

Vor einer geplanten Flugreise sollten Sie sich zuerst bei den einzelnen Fluggesellschaften erkundigen, ob Sie Ihre Katze mit in die Passagierkabine nehmen können. Der Transportbehälter darf jedoch nur so groß sein, daß er bei Abflug und Landung unter Ihren Sitz paßt. In der Luft können Sie ihn dann auf Ihren Schoß nehmen.

Wenn Sie nach Großbritannien reisen, müssen Sie Ihre Katze daheim lassen, weil hier strenge Quarantänebestimmungen herrschen. Seit der Fertigstellung des Verbindungstunnels kann man Großbritannien eigentlich nicht mehr als Inselstaat bezeichnen und ich hoffe, daß die Einreisebestimmungen für unsere Vierbeiner in naher Zukunft geändert werden.

Bei Überseeaufenthalten erfragen Sie die Quarantänebestimmungen beim zuständigen Konsulat. Australien z. B. hat noch schärfere Auflagen als Großbritannien. Quarantäne bedeutet eine lange Zeit der Isolation, die Sie Ihrer Katze nicht zumuten sollten.

Campingurlaub

Lange Jahre hatten wir einen festen Campingstellplatz und machten Urlaub in unserem Wohnwagen. Natürlich waren auch die Katzen mit von der Partie, denn ohne sie wollte ich gar nicht erst weg. Jede von ihnen bekam ein Geschirr mit langer Laufleine. In die Mitte unseres Platzes schlug ich einen Haken und befestigte daran die Leinen. So konnten meine Lieblinge mühelos jeden Winkel unseres Stellplatzes, das Vorzelt und das Innere des Wohnwagens erreichen. Einmal nahm ich sogar meine Alpha samt Wurfkiste und Babies mit. Die Katzenmutter mußte ich allerdings niemals anleinen, denn Weglaufen kannte sie nicht.

Doch jede Katze hat ihre eigene Persönlichkeit und somit auch ihren eigenen Willen. Rechtzeitig getroffene Sicherheitsvorkehrungen in Form von Laufleine und Katzengeschirr bewahren Sie eventuell vor späteren Enttäuschungen. Ist Ihr Kätzchen in der Fremde erst einmal ausgerissen, kommt es vielleicht krank zurück oder findet sich in der fremden Umgebung überhaupt nicht mehr zurecht. So manche Katze blieb schon am Tag der Heimreise als trauriges Überbleibsel im Urlaubsort zurück.

Hotel

Vielleicht denken Sie wie ich und mögen gar nicht mehr ohne Ihre Katze in Urlaub fahren. Dann sollten Sie sich jedoch vor Buchung eines Hotels informieren, ob Katzen erlaubt sind. Falls Sie mit einem unkastrierten Kater reisen, wählen Sie auf jeden Fall ein Zimmer mit Bad. Damit eventuelle Duftmarken nicht im Hotelzimmer abgesetzt werden, bewohnt Ihr Kater dieses leicht abwaschbare Badezimmer.

Wenn das Hotel Ihrer Wahl das Mitbringen von Katzen akzeptiert, sollten Sie Ihrem Liebling den Aufenthalt im Hotelzimmer so angenehm und bequem wie möglich machen. Die vertraute Kuschelhöhle sollte an einem geschützten „Zufluchtsort" stehen. Bitte überprüfen Sie das Zimmer auf eventuelle Schlupflöcher, bevor Sie es Ihrer Katze zur Verfügung stellen. Damit vermeiden Sie spätere verzweifelte Suchaktionen.

Die tägliche Zimmerreinigung erfolgt in der Regel, wenn Sie beim Frühstück sitzen. Das Eindringen fremder Menschen ins Hotelzimmer könnte Ihre Katze panikartig davonrennen lassen. Mein Blue-Andy hielt vor Jahren mal ein ganzes Hotel in Atem. Er war aus dem Zimmer entwischt und hatte sich bis unter das Pult der Rezeption durchgeschlagen. Um Ihnen und Ihrer Katze diesen Nervenkitzel zu ersparen, sollten Sie sie während des Frühstücks in den geschlossenen Transportkorb setzen oder einfach mit an Ihren Frühstückstisch nehmen.

Ferienwohnung

Bei Buchung eines Appartements oder Hauses sollten Sie immer die Katze mit anmelden, sonst gibt es Probleme. Ferienwohnungen haben den Vorteil, daß Sie mit Ihrer Katze mehr Platz zur Verfügung haben und vor allem Säuberungsaktionen selber durchführen. So hat Ihr Tier immer nur vertraute Menschen in seiner Nähe und kann sich schneller eingewöhnen. Bei einem Aufenthalt in der Toskana machte meine Jessica zum erstenmal Bekanntschaft mit Hühnern und Enten. Sie war sichtlich fasziniert von diesen Tieren und wollte immer wieder in ihre Nähe. Mit Geschirr und langer Laufleine, an der Haustüre befestigt, hatte sie den ganzen Tag über die Möglichkeit, raus und rein zu laufen, wann immer sie wollte.

Ausstellung

Der Versuch gilt

Eine schöne Katze sollte irgendwann einmal an einer Ausstellung teilnehmen. Internationale Rassekatzen-Salons sind Treffpunkt Hunderter von Liebhabern und Züchtern mit ihren vierbeinigen Schönheiten. Ausgebildete Katzenrichter begutachten jede ausgestellte Katze und vergleichen sie mit dem vorgegebenen Rassestandard.

Um ausstellen zu können, müssen Sie Mitglied einer anerkannten Katzen-Vereinigung sein. Manche unabhängigen Vereine drücken hier jedoch beide Augen zu und lassen Sie auch ohne Mitgliedschaft teilnehmen, doch der Seriosität wegen ist es vernünftiger, als Mitglied voll dazuzugehören. Die meisten Kartäuserkatzen sind in der Deutschen Rassekatzen-Union e. V. (D.R.U. siehe Anhang) zu Hause. Bei einer Ausstellung der D.R.U. finden Sie durchweg mindestens 25, mitunter sogar über 60 Kartäuser. Auch die große Farbpalette der übrigen Europäisch Kurzhaarkatzen ist hier fast komplett vertreten. Dies bedeutet natürlich eine gewaltige Konkurrenz Ihrer eigenen Katze. Sie hat es hier wesentlich schwerer, einen Rassesieg zu erringen als bei einer Ausstellung, die nur wenige rasse- und farbgleiche Katzen aufweist. Aus meiner Sicht jedoch ist es herrlich, so viele Blaue gleichzeitig sehen zu können. Eine niedrigere Bewertung bei großer Konkurrenz ist schöner und ehrlicher erworben als ein Siegertitel mit Pokal bei minimalem Wettbewerb.

Ausstellungen werden an Wochenenden über ein oder zwei Tage ausgeführt. Je nach Entfernung ist eine Hotelübernachtung unumgänglich. Solche Wochenenden sind zwar wunderschön, doch leider nicht für jeden Geldbeutel geeignet. Die Aufwendungen für Hotel, Verpflegung, Benzingeld und Ausstellungsgebühren bewegen sich etwa zwischen DM 250,– und DM 500,–.

Je nach Größe der Hallen werden zwischen 150 und 800 Katzen gezeigt. Man findet hier außer Rassekatzen aller Art auch hin und wieder unsere gute alte Hauskatze. Um teilnehmen zu können, muß Ihre Katze mindestens drei Monate alt sein.

Internationale Katzenausstellungen sind immer ein Ort der Konversation. Mit Katzenfreunden redet man über „Katzen und Kätzchen" – über Erfolge und Niederlagen – man gibt oder erhält Ratschläge. Kurzum: Man freut sich einfach, dabei zu sein. In den Vorräumen der Halle sind meist Verkaufsstände diverser Produkte aufgebaut. Die Händler bieten hier Futter, Streu, Kratzbäume und vieles mehr zu „Ausstellungspreisen" an. So kann man sich preiswert mit alltäglichen Dingen rund um die Katze versorgen.

Ausstellungs-Vorbereitungen

Ihr Katzenverein wird Ihnen Ausstellungs-Meldeformulare zuschicken, die Sie korrekt ausgefüllt zurücksenden. Anmeldeschluß ist meist drei bis vier Wochen vor der Ausstellung. Die Gebühr für einen Ausstellungskäfig beträgt um die DM 50,–, die Sie bei der Anmeldung an den ausführenden Verein überweisen.

Dekoriert wird der etwa 70×70×70 cm große Ausstellungskäfig mit Gardinen, die sich leicht anfertigen lassen. Sie sollten im Fertigzustand zweimal die Maße 90×65 cm (Seiten) und zweimal 50×65 cm (Rückwand) haben. An der Rückwand – hier sitzt der Aussteller – befindet sich die Käfigtür. Durch die zweigeteilte Gardine haben Sie Sichtkontakt zu Ihrer Katze. Als Bodenbelag schneiden Sie ein knapp 70×70 cm großes Teppichbodenreststück zurecht, das farblich zu den Gardinen passen sollte. Außerdem benötigen Sie Wasser- und Futternäpfe, eine kleine Toilettenschale, Streu und Schäufelchen. Ich habe immer eine Flasche mit frischem Wasser aus heimatlichen Gefilden dabei, weil meine Katzen fremdes Leitungswasser nicht mögen. Damit sich Ihre Katze im Ausstellungskäfig nicht allzu verloren vorkommt, sollten Sie Schlafhöhle oder Körbchen hineinstellen. So kann Ihre Katze aus sicherem Schlupfwinkel das vorüberziehende Publikum betrachten.

Sie sollten nicht nur darauf achten, daß Ihre Katze schon Wochen vor der Ausstellung in bester gesundheitlicher Verfassung und frei von jeglichem Ungeziefer ist, sondern auch ihre Krallen kontrollieren. Ein Katzenbesitzer sollte sich vor Augen halten, daß Richter und Stewards die Leidtragenden sind, wenn eine ängstliche Katze zur Furie wird. Es ist für niemanden angenehm, sich von fremden Katzen blutig kratzen zu lassen. Vor geplanten Ausstellungen sollten Sie oder der Tierarzt die Krallen Ihres Lieblings kontrollieren und eventuell etwas kürzen.

An Tagen der Ausstellung müssen alle Katzen von etwa 8.00 bis 18.00 Uhr in ihren vorgesehenen Käfigen bleiben. Denken Sie daran, Meldebestätigung und Impfpaß mit gültiger Tollwutimpfung mitzbringen, denn ohne diese Nachweise läßt man Sie gar nicht erst in die Halle.

In der Ausstellungshalle

Am Eingang zur Halle halten Sie den gültigen Impfpaß und die Ausstellungs-Meldebestätigung zur Kontrolle bereit. Bei der Tierarztkontrolle wird Ihre Katze auf Krankheiten und Ungeziefer untersucht. Entdeckt der Tierarzt z. B. Ohrmilben oder einen Floh, wird er Ihre Katze nicht zur Ausstellung zulassen. Dasselbe gilt natürlich auch bei Schnupfen etc. Würde diese Tierarztkontrolle entfallen, verließen sicherlich einige am Morgen noch gesunde Tiere abends krank die Ausstellung.

Gerichtet wird in einem abgeschirmten Winkel oder separaten Raum der Halle. Stewards holen jede einzelne Katze am Ausstellungskäfig ab und stellen sie einem Internationalen Juroren vor, der zunächst das gesamte Erscheinungsbild der Katze betrachtet und sie dann mit dem gültigen Rassestandard vergleicht.

Da alles anonym abläuft, kennt die Internationale Jury nur Nummer, Klasse und Alter des ausgestellten Tieres.

Im Bereich der Richtertische sollten deshalb auch Sie Anonymität bewahren. Unterlassen Sie lautes Reden oder Zurufen, denn dies würde die Ausstellungsregeln verletzen. Jegliche Art der Konversation mit den Juroren ist bis zur Bekanntgabe der Bewertungen verboten. Danach wird Ihnen der Richter gerne die Bewertung Ihrer Katze erläutern.

Bei Mängeln wie Schwanzdefekten, Einhodigkeit oder Gebißfehlern kann eine Katze niemals ihre Punkte, geschweige denn ihren Titel erringen. Solche Tiere gehören nicht auf eine Ausstellung. Dies gilt auch für eine tragende oder nervöse Katze. Bei letzteren ist die Gefahr der Streßsituation besonders gegeben.

Eine hervorragende Katze kann im Gesamturteil bis zu 100 Punkte erreichen. Dies bedeutet ein Exzellent (EX) bzw. Vorzüglich (V). Die beste der erwachsenen (ab zehn Monate) Vorzüglich-Katzen erhält außerdem einen Titel zur Siegeranwartschaft (Certificat d'Apitude). Dies bedeutet je nach Klasse: CAC (Championat), CACIB (Championat International), CAGCI, CACE oder CAGCE® (D.R.U.), bei Kastraten CAP, CAPIB, CAGPI, CAPE oder CAGPE® (D.R.U.). Begonnen wird in der „offenen" Klasse. In der Jugendklasse – das heißt für Jungtiere von drei bis sechs und von sechs bis zehn Monaten – werden noch keine dieser Titel vergeben. Sie können als höchste Bewertung nur ein Vorzüglich erreichen.

Punktwertung

Vorzüglich bzw. Exzellent	88 bis 100 Punkte
Sehr gut	76 bis 87 Punkte
Gut	61 bis 75 Punkte

Sieger-Zertifikate der einzelnen Klassen

3×CAC	(CAP)	Champion	(Premior)
3×CACIB	(CAPIB)	Internationaler Champion	(Int.Premior)
3×CAGCI	(CAGPI)	Großer Intern. Champion	(Gr.Int.Prem.)
3×CACE	(CAPE)	Europa-Champion	(Eur.Premior)
3×CAGCE®	(CAGPE®)	Großer Europa-Champion	(Gr.Eur.Prem.)

Zusätzlich erhält das beste Tier jeder Farbvarietät einen Rassesieg.

Jeder Juror hat die Möglichkeit, einen besten Kater, eine beste Katze, einen besten Kastrat und ein bestes Jungtier, drei bis sechs bzw. sechs bis zehn Monate alt, zur Nominierung vorzuschlagen. Wie auch immer ein Richterbericht ausfallen mag, er ist unanfechtbar und muß akzeptiert werden.

Der Höhepunkt einer jeden Katzenausstellung ist die Best-in-Show-Wahl auf der Bühne. Die nominierten Tiere werden vorgestellt und der beste Kater, die beste Katze, der beste Kastrat und das beste Jungtier ausgewählt. Von diesen kann nur eine Katze den Titel Best in Show oder Best of Best erringen.

Vielleicht träumen auch Sie davon, die Ausstellung mit einem großen Pokal zu verlassen, doch bedenken Sie: Nur einer kann gewinnen. Seien Sie nicht traurig und enttäuscht, wenn andere Katzen auf der Bühne stehen. Lieben Sie Ihre Katze nach der Ausstellung noch genauso wie vorher, auch bei einem Urteil, das nicht Ihren Erwartungen entspricht. Wenn das Richterurteil ein V bzw. EX aufweist, dürfen Sie recht stolz auf

„Best in Show" – D. R. U., Intercat Dortmund 1995. Präsident Heinz Schmitter und 2. Vorsitzender Hanns Ullrich bei der Prämierung der besten Katzen.

Ihr Kätzchen sein. Sie haben ein exzellentes Tier, und das dürfte Ihnen genügen. Die Auswahl der ersten Plätze ist für den Richter nicht einfach, denn er ist schließlich auch nur ein Mensch.

Leider sind immer wieder sogenannte „Pokaljäger" zu beobachten. Sie wollen aus allem und jedem das Beste für sich und ihre Katzen herausschlagen. Wenn das Richterurteil von ihren hohen Erwartungen abweicht, werden Richter und Stewards als Versager hingestellt. Solches Verhalten ist dumm und taktlos. Deshalb bitte ich Sie: Lassen Sie Ihre Objektivität niemals in blinden Fanatismus hinübergleiten und bleiben Sie Richtern, Stewards und Ausstellern gegenüber fair. Sie werden Katzenfreunde kennenlernen, Erfahrungen austauschen und nicht zuletzt prächtige Katzen bewundern können. Das Ausstellungsfieber hat Sie gepackt, und Sie freuen sich auf das nächste Mal.

Ausstellungs- Zubehör

Impfausweis
Meldebestätigung
Käfiggardinen
Käfigeinlage
Futter- und Wassernapf
Katzenfutter
evtl. Trinkwasser
Ausstellungstoilette
Streu und Schaufel
evtl. kleine Liegehöhle
Plastiktüte für Abfälle

Bei geplantem Hotelaufenthalt:
Futter und Näpfe
Körbchen, Katzentoilette
Streu und Schaufel

Die Zucht

Die Dinge liegen hier etwas anders, als sich manch angehender Züchter erträumt. Es genügt nicht, eine schöne Katze zu haben, man sollte sich auch in den Ahnentafeln zurechtfinden. Das Zuchtvorhaben muß lange Zeit vorher mit viel Sorgfalt geplant werden, bevor es verwirklicht werden kann. Ernsthafte Zucht kostet viel Geld, Hingabe und nicht zuletzt auch Freizeit. Ein Züchter muß der Verantwortung und Liebe dem Leben gegenüber gewachsen sein – sollte bereit sein, hin und wieder Opfer zu bringen, Niederlagen zu verkraften und immer aufs neue lernfähig sein. Er darf sich nicht scheuen, mit anderen Züchtern offen über seine Probleme zu reden und Hilfe anzunehmen. Eine Zucht sollte physisch und psychisch gesunde Jungtiere hervorbringen, die gleichermaßen dem Idealbild ihres Rassestandards näherrücken.

Wenn Sie zu all diesen Dingen bereit sind, steht einer gewissenhaften Zucht nichts mehr im Wege.

Da Kartäuserkatzen sich in die Familie der Europäisch Kurzhaarkatzen eingliedern, können sie mit diversen Farben der Europäer gepaart werden (siehe Tabelle Farbverteilung). Ihre Kartäuserkatze vereint mit einem Europäisch Kurzhaar-Kater der Farbe Creme kann Jungtiere der Farben Blau, Creme und Blaucreme (nur weiblich) erwarten, doch bitte merken Sie sich:

Allein die Blauen erhalten die Rassebezeichnung Kartäuser, denn dieser Name ist untrennbar an die blaue Fellfarbe gekoppelt! Alle andersfarbigen Jungtiere sind Europäisch Kurzhaar mit Zusatz der entsprechenden Farbangabe. „Kartäuser in allen Farben" oder „Kartäuser in weiß, creme etc." – diese Anzeigen, die man sogar in sogenannten Fachblättern findet, sind eine Verdummung unerfahrener Katzenliebhaber.

Mein Anfängerporträt

Um Ihnen die Angst vor dem ersten Zuchtversuch zu nehmen, beginne ich mit meinem eigenen „Anfängerporträt":

Meine Naivität schien damals keine Grenzen zu kennen. Jedenfalls fühlte ich mich als glücklichster Mensch dieser Welt, als es mir gelungen war, ein bildhübsches blaues Kurzhaarpärchen in unsere Familie einzuschmuggeln. Katzen liebte ich schon immer, aber mit „Smoky" und „Marty" zog das Glück im wahrsten Sinne des Wortes bei uns ein. Die beiden Mäuse, wie mein Mann sie taufte, entwickelten sich prächtig und wurden von allen verwöhnt.

Als Marty mit gut einem Jahr schon sehr erwachsen schien, war es an der Zeit, ihn kastrieren zu lassen. Smoky wollte ich irgendwann mit einem passenden Partner zusammenbringen. Das Dumme war nur – mein Kätzchen besaß keinen Stammbaum. Außerdem floß in ihren Adern ein Hauch von Siamblut. Damals dachte ich: „Was soll's? Man wird Mitglied in einem Verein – man läßt sein Tier auf einer Ausstellung bewerten – und los geht's mit der Zucht! Es ist ja alles ganz einfach." Nachdem ich meine Mitgliedschaft beantragt hatte, sah ich mich in Gedanken schon als perfekte Züchterin,. Als Smoky bei der Ausstellung ein „sehr gut" erhielt, glaubte ich schon alle Schranken bewältigt zu haben. Meiner Zucht schien nun nichts mehr im Wege zu stehen, denn schon einige Tage später wurde mir ein Deckkater für meine Katze offeriert. An dieser Stelle muß ich betonen: Nicht ein Kartäuserkater – nein, es war ein Perser Bicolour! Diese beiden Rassen würden sich ganz toll kreuzen lassen, sagte mir der stolze Katerbesitzer. Ich war schon halb von Sinnen vor Freude, als ich hörte, welch wunderbar dicke Kartäuserköpfe Smokys Babies haben würden.

So nahm ich das verlockende Angebot an und Smoky hielt Einzug in „Bicolours" Gemächern. Ich zahlte die Deckgebühr und holte meine Katze nach einigen Tagen wieder heim. Der Deckversuch blieb ohne Folgen, und wir versuchten es ein zweites Mal, doch Smoky wurde nicht schwanger. Heute scheint mir, daß meine Smoky sehr viel schlauer war als ihre Besitzerin! In meiner Verzweiflung suchte ich den Rat einer erfahrenen Züchterin und mußte erfahren, daß alles, was ich bisher unternommen hatte, recht kopflos gewesen war, denn Zucht bedeutet nicht einfach irgend eine Paarung. Nein, damals begriff ich, daß es einen großen Unterschied gibt zwischen sinnloser Vermehrung liebenswerter Kätzchen und ehrlicher, gewissenhafter und wohl durchdachter Zucht mit auserlesenen Tieren.

Mein Mann erfüllte meinen größten Wunsch und kaufte mir eine wunderschöne Kartäuserkatze, mit der ich meine ersten Kartäuserkinder bekam. Ich verliebte mich in ihren Sohn, meinen „Blue-Andy vom Freien Grund". Seine steile Ausstellungskarriere wurde für mich der Anfang eines langen, schönen Weges als Züchterin.

Ich hoffe, all denjenigen zu helfen, die ahnungslos an die Zucht herangehen. Unvernunft und Unwissenheit bringen immer Enttäuschung. Jeder gewissenhafte Züchter sollte zunächst gründlich über Rassestandards informiert sein, um zwischen hübschen Liebhaberkätzchen und auserwählten Zuchttieren einen scharfen Trennstrich ziehen zu können. Qualität steht immer vor Quantität! Deshalb verdient ein Züchter, der planlos seine Zucht vergrößert und massenweise Tiere in die Welt setzt, nur den Namen „Katzenvermehrer". Seine Einstellung hat nicht das Geringste mit Zucht zu tun.

Familienplanung

Natürlich stellen Sie sich die Frage, ob Ihre Katze zur Zucht geeignet ist oder nicht. Um dies festzustellen, haben Sie sicher schon mit ihr eine Ausstellung besucht. Ein Richterbericht mit dem Gesamturteil „V" oder „EX" besagt, daß Ihre Katze dem Standard entspricht. Ist sie psychisch und physisch gesund, steht einer Mutterschaft normalerweise nichts im Wege.

Spätestens jetzt sollten Sie Mitglied einer seriösen Katzenvereinigung werden und Ihren Zwingerschutz beantragen. Dies ist ein Namensschutz, der sich auf Ihre gesamte Zucht bezieht. Er wird bei allen Jungtieren ein fester Bestandteil ihres Namens bleiben. Nur so werden Sie in Zukunft Deckkater aufsuchen und Ahnentafeln beantragen können. Außerdem wird Ihnen Ihr Verband in allen züchterischen Fragen zur Seite stehen. Einige von Ihnen werden jetzt sagen: „Sie soll nur ein einziges Mal Mutter werden, dann lassen wir sie kastrieren; dazu braucht man weder Stammbaum noch Verein!" Mit dieser Einstellung lassen Sie Ihre Katze bitte niemals decken! Kein seriöser Katerbesitzer wird für solche Machenschaften ansprechbar sein.

Züchten erfordert großes Verantwortungsbewußtsein der Kreatur gegenüber und, wie schon gesagt, hohe Kosten. Leute, die hoffen, etwas daran zu verdienen, werden sehr schnell eines Besseren belehrt. Außerdem sollten Sie bei Ihren Zuchtplänen mit berücksichtigten, daß z. B. Ihre Wohnzimmereinrichtung in Mitleidenschaft gezogen werden kann.

Nachfolgend habe ich eine Liste der anfallenden Kosten aufgeführt, damit Sie einen kleinen Überblick erhalten. Wenn Sie die Ausgaben bei einem Viererwurf summieren, müßten Sie mindestens DM 1150,– für ein Jungtier verlangen, um gerade die Unkosten decken zu können.

Kostenaufstellung

Für Ihre Katze bezahlten Sie zwischen
DM 700,00 und DM 1200,00   ca. DM 1000,00
Die jährlichen Impfungen   ca. DM 100,00
Erforderliche Tests (Leukose, FIP, FIV.)   ca. DM 100,00
Katzenstreu in den ersten zehn Monaten   ca. DM 100,00
Zehn bis zwölf Monate Futter bis zum ersten Decken
DM 2,00 bis DM 3,00 pro Tag   ca. DM 800,00
Die Deckgebühr beträgt zwischen
DM 400,00 und DM 600,00   ca. DM 500,00
Fahrt zum Kater und zurück   ca. DM   50,00
Während der Tragzeit und des Säugens verzehrt
Ihre Katze fast das Doppelte   ca. DM 400,00
Jahresbeitrag des Verbandes   ca. DM   80,00
Zwingerschutzeintragung   ca. DM 100,00
ergeben eine Kostenpauschale von   ca. DM 3230,00
die bereits vor Ihren ersten Jungtieren anfällt.
Sind diese endlich da, laufen auch die Auslagen weiter:
Die Aufzuchtkosten ab 5. Woche bis zur Abgabe   ca. DM 200,00
Katzenstreu bis zur Abgabe   ca. DM   30,00
Ahnentafel à ca. DM 35,00 bei vier Kitten   ca. DM 140,00
Erforderliche Impfungen à ca. DM 150,00   ca. DM 600,00
Leukose-, FIP-, FIV-Tests à ca. DM 100,00   ca. DM 400,00
ergeben wiederum   ca. DM 1370,00

Bei diesen nicht unerheblichen Geldbeträgen fehlen noch die Kosten für eventuell auftretende Komplikationen, wie z. B. Kaiserschnittgeburt, die je nach Tierarzt etwa zwischen DM 130,– und DM 350,– beträgt. Sie merken, daß „Züchten" eine ganze Menge Geld verschlingt. Wenn Sie wirklich alles aufrechnen, werden Sie immer wieder draufzahlen.

Suchen Sie nicht voreilig einen beliebigen Kater auf, um möglichst schnell an Nachwuchs zu gelangen. Halten Sie sich immer vor Augen, daß für Ihre Katze der beste Kater gerade gut genug sein sollte. Doch weniger seine Ausstellungserfolge, sondern um so mehr seine Vorfahren sollten berücksichtigt werden. Vergleichen Sie die Ahnentafel Ihrer Katze mit der Ihres „Katerfavoriten". Prüfen Sie besonders nach, ob eventuelle Verwandschaftsverbindungen bestehen. Halbgeschwister- bzw. Mutter/ Kind- oder Vater/Kind-Paarungen dürfen nur einmal innerhalb drei Generationen im Stammbaum vertreten sein. Sie sollten nur von erfahrenen Züchtern angewendet werden, die ihre Linien ganz genau kennen und bestimmte Erbfaktoren erforschen wollen. Lassen Sie als Anfänger bitte die Finger von solchen Experimenten! Eventuelle Erbschäden der Jungtiere würden Ihre Freude an der Zucht schnell dämpfen.

Haben Sie den passenden Deckkater für Ihre Katze gefunden, nehmen Sie alsbald Kontakt mit dessen Besitzer auf. Er nennt Ihnen die geforderten Gesundheitstests und die Höhe der Deckgebühr, die sich im allgemeinen nach den Ausstellungserfolgen des Katers richtet.

Sobald Ihre Katze rollt, sollten Sie einen Termin vereinbaren, am besten für den zweiten Tag der Rolligkeit. Die Katze wird immer zum Kater gebracht, niemals umgekehrt. Bei Erstdeckung Ihrer Katze sollte wenigstens der Kater schon einige Erfahrung mitbringen (oder umgekehrt).

Nach erfolgtem Deckakt erhalten Sie vom Katerbesitzer einen Decknachweis, den Sie später zusammen mit der Wurfmeldung an Ihren Verein schicken.

Nach erfolgloser Paarung wird Ihnen ein seriöser Katerbesitzer die kostenlose Nachdeckung Ihrer Katze zusichern. Sobald Sie feststellen, daß Ihre Katze nicht aufgenommen hat, sollten Sie einen zweiten Termin vereinbaren. Bei erneutem Einsetzen der Rolligkeit wird die Katze abermals zum Kater gebracht.

Der Eisprung erfolgt etwa 36 bis 48 Stunden nach vorangegangener Paarung. Ihre Katze wird noch einige Zeit „gurren", denn ihre Rolligkeit klingt erst nach einigen Tagen ab. Innerhalb der nächsten drei Wochen ist es nicht ratsam, die Katze einem potenten Kater zuzugesellen, denn der würde mit Sicherheit seine Chancen einer „Zweithochzeit" wahrnehmen.

Deckkaterhaltung

Sie kaufen einen schönen Jungkater. Er gedeiht prächtig und wächst zu einem stattlichen Burschen heran. Noch bevor er die Blüte seines Katerdaseins erreicht hat, fängt er plötzlich an, zu markieren. Was bleibt Ihnen also übrig, wenn Sie nicht die passenden Katerräumlichkeiten haben? Natürlich – er muß kastriert werden. Für die Zukunft müssen Sie mit Ihren Katzen wieder fremde „Herren" aufsuchen, denn der Traum vom eigenen Deckkater ist hinweggeschmolzen wie Butter in der Sonne. Vielen von Ihnen ist dies schon passiert, auch ich mußte meinen „Calando" schon im Alter von zehn Monaten kastrieren lassen. Einen potenten Kater auf Dauer in der Wohnung zu halten, ist meist unmöglich. Hat er erst einmal mit Markieren angefangen, ist die daraus resultierende Geruchsbelästigung nicht mehr zu ertragen.

Es ist ohne Zweifel von Vorteil, sich für seine Katzen einen eigenen Deckkater zu halten, denn schon allein die weiten Fahrten zum Decken und die fremde Umgebung bringen der Katze eine ganze Menge Streß. Hinzu kommt immer wieder das Risiko einer Infektionsgefahr. Doch die Haltung eines unkastrierten Katers bringt ein großes Maß an Mehrarbeit und ist außerdem recht kostspielig.

Beabsichtigen Sie also, sich einen Deckkater zu halten, sollten Sie ein eigenes Zimmer für ihn reserviert haben, falls er irgendwann vorhat, seine Potenz geruchlich demonstrieren zu müssen. Hell und freundlich sollte der Katerraum sein, vielleicht sogar mit Auslauf zu einem Freigehege oder dem abgesicherten Garten. Wenn Sie zusätzlich fremde Katzen zum Decken annehmen wollen, empfiehlt sich außerdem die Abgrenzung eines kleineren „Deckraumes", der in seinen Abmessungen mindestens zwei mal drei Meter sein sollte. Es muß auch gewährleistet sein, daß Ihrem Kater jährlich nicht weniger als zwei rollige Kätzinnen zugeführt werden. Damit ein Deckkater nicht vereinsamt, sollte man ihm mindestens einen Kastraten zugesellen. Eine unkastrierte Kätzin auf

Grundriß eines Katerraumes

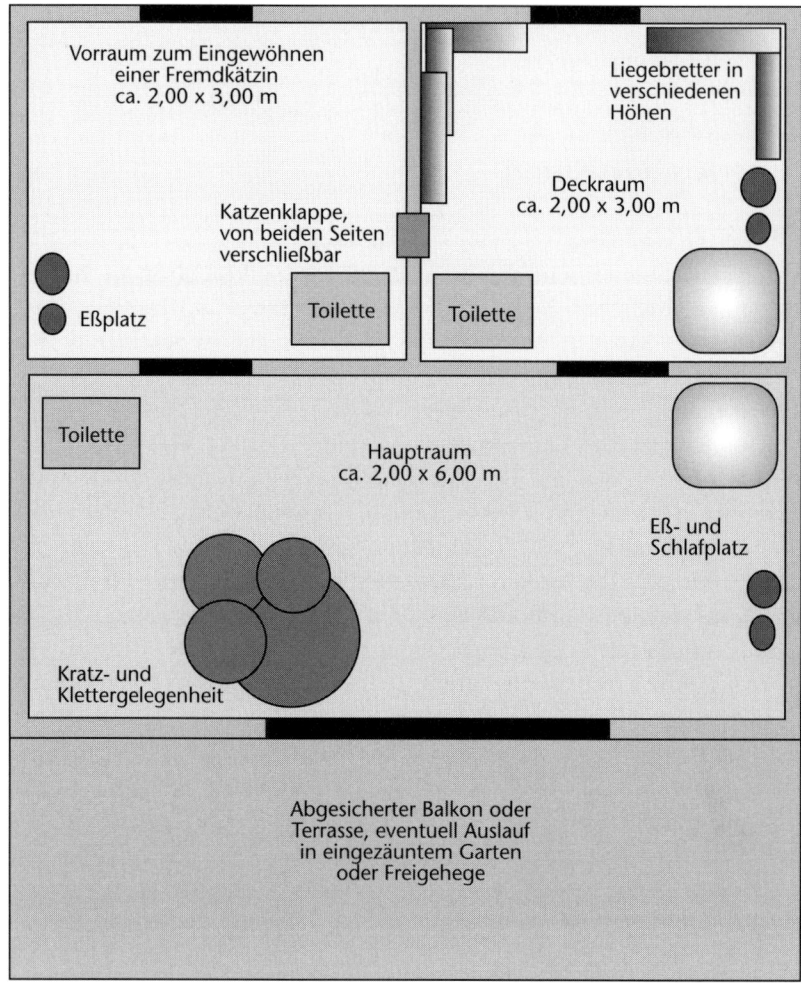

Ein Deckkater sollte geeignete Räumlichkeiten zur Verfügung haben. Der Grundriß eines Katerraumes sollte als kleines Beispiel dienen, wobei der Eingewöhnungsraum für die Fremdkatze entfallen könnte.

Dauer in einem Katerraum einzuquartieren, ist nicht empfehlenswert, weil so übereilte und unbeabsichtigte Hochzeiten stattfinden würden. Einen zweiten potenten Kater zuzuführen, würde unweigerlich in Machtkämpfen enden.

Es kostet viel Nervenkraft, einen unkastrierten Kater in separaten Räumlichkeiten zu halten. Ein geliebtes Tier möchte man in seiner Nähe haben. Damit der Zugang zur Familie nicht ganz ein Traum bleibt, könnten Sie Ihrem Kater ein Höschen kaufen. Es gibt sie in verschiedenen Größen (für heiße Hündinnen). Mit Slip-Einlage bzw. Damenbinde kann Ihr Kater wenigstens zeitweise am häuslichen Geschehen teilhaben.

Natürlich kann auch ein Katerbesitzer zu einigen Mitteln greifen, wenn sein Bursche allzu penetrante Düfte an den Tag legt. Perlutex® oder Suppestral-Tabletten®, fünf bis sechs Tage lang je eine Dosis verabreicht, dürften das Spritzen, aber auch die Deckbereitschaft für einige Monate unterbinden. Androcur®, drei bis fünf Tage $1/2$ Tablette läßt den Kater potent bleiben und verhindert sein Markieren. Als weitere Alternative kann der Tierarzt dem Kater Medroxyprogesteron® injizieren, und das Harnspritzen wird für längere Zeit abgestellt sein. Außerdem wird der Katergeruch nicht mehr so unangenehm sein wie vor der Behandlung.

Selbstverständlich haben all diese genannten Mittel auch ihre Nach- oder Nebenwirkungen. Mitunter verschlechtert sich der Zustand des Fells, nicht selten treten Verhaltensänderungen auf, und für das Tier sind fortlaufende Hormonbehandlungen mit Sicherheit nicht die Ideallösung. Deshalb sollten Sie erst vielleicht mal Ihr Glück mit Pulsatilla versuchen. Dieses homöopathische Mittel soll sich auch bei Katerproblemen zeitweise bewährt haben.

Tragzeit, Geburt und Aufzucht

Sie wird Mutter

Etwa vierzehn Tage bis drei Wochen nach erfolgreicher Paarung können Sie eine leichte Rosafärbung der Zitzen ihrer Katze bemerken. Ab der vierten Woche werden diese ganz allmählich etwas praller und runder. Manche Katzen neigen während der ersten Wochen zu Erbrechen oder ähnlichen Unpäßlichkeiten. Endlich haben Sie die Gewißheit, daß es geklappt hat. Ich war jedesmal rein närrisch vor Freude und wälzte alle Namenbücher, die mir unter die Finger kamen. Die schönsten Katzenkinder der Welt sollten auch die klangvollsten Namen bekommen.

Ab der fünften Woche sehen Sie deutlich, wie das Bäuchlein Ihrer Katze runder und runder wird. Sie wird Mutter und benötigt jetzt Ihre Liebe und Ihr Verständnis mehr denn je. Beim Abtasten des Leibes spüren Sie nun die zarten Bewegungen der Föten. Die Kartäuserkatze ist zwar nicht athletisch wie schlanke Rassen, trotzdem sollten Sie aufpassen, daß die werdende Mutter keine gewagten Sprünge mehr macht. Dies könnte schlimmstenfalls mit einer Fehlgeburt enden.

Als meine „Alina" ihre ersten Jungen erwartete, ruhte sie sehr viel und döste gerne vor sich hin. Hin und wieder knurrte sie leise, ein anderes Mal schrie sie ganz plötzlich auf. Möglicherweise hatten die Kleinen in ihrem Bauch heftig getrampelt und sie total verwirrt. „Alpha" hingegen war die Ruhe in Person. Nicht einen ungeduldigen Laut gab sie während ihrer Schwangerschaft von sich.

Geben Sie Ihrer Katze während der Schwangerschaft nicht mehr, sondern nährstoffreicheres Futter. Die Portionen sollten nicht zu groß gehalten sein, um Überbelastungen der Verdauungsorgane zu vermeiden. Besser sind vier bis fünf kleinere Mahlzeiten, angereichert mit Eiweiß und Kalzium, über den Tag verteilt.

Die Tragzeit beträgt bei der Europäisch Kurzhaarrasse 63 bis 67 Tage (siehe Tragzeitkalender). Normalerweise werden 65 Tage zugrunde gelegt, mit Beginn der Berechnung am ersten Tag der Paarung. Vereinzelt gibt es geringe Abweichungen nach unten oder oben. Der Leibesumfang kann nicht immer die spätere Neststärke (Anzahl der Katzenkinder) andeuten, doch wenn die Katze sich nach der sechsten Woche ihre Genitalien nicht mehr alleine putzen kann, sollte mit einer großen Kinderschar gerechnet werden (fünf Kitten und mehr).

Spätestens eine Woche vor der Geburt sollten Sie eine geeignete Wurfkiste aufgestellt haben. Ein starker Pappkarton mit den Maßen $50 \times 40 \times 30$ cm (Länge/Breite/Höhe) wäre ideal. Als Einlage dienen Zeitungen, darüber mehrere kleinere Bettlaken aus kochfestem Material (ausgediente Bettücher, in der Mitte durchtrennt). Bitte nehmen Sie keine Handtücher, denn sind die Kleinen erst einmal da, können sie sich leicht mit ihren Krallen im Frotteestoff verfangen.

Ab acht bis fünf Tage vor dem errechneten Termin gebe ich meinen Katzen täglich eine Gabe Pulsatilla D4 (Homöopathie). Es macht die Geburtswege weicher und dient somit der Geburtsvorbereitung. Auch Ihr Tierarzt sollte über die bevorstehende Geburt informiert werden, damit er bei unvorhergesehen Komplikationen verfügbar sein kann.

Es ist soweit

Mittlerweile läuft Ihnen die werdende Mutter auf Schritt und Tritt hinterher. In manchen Situationen wird sie regelrecht lästig. Sie fühlt, daß etwas Außergewöhnliches mit ihr geschieht, und in Ihrer Nähe findet sie Geborgenheit. Sie helfen ihrer Katze sehr, wenn Sie leise mit ihr reden und sanft ihr Bäuchlein streicheln. Geben Sie ihr die Gewißheit, daß sie nicht allein ist.

Im Augenblick braucht sie Ihre Anteilnahme mehr denn je. 24 Stunden vor der Geburt schwellen ihre Milchleisten deutlich an und in den Flanken wirkt sie eingefallen. Aus der Scheide wird ein wenig Schleim abgesondert. Die darauffolgenden Eröffnungswehen dauern gelegentlich bis zu mehreren Stunden an. Sie können Ihrer Katze nur Beistand leisten, indem Sie ihr in rhythmischen Bewegungen sanft über Rücken und Flanken streicheln. Wenn Sie die Hand auf ihr Bäuchlein legen, spüren Sie, wie sich der Körper unter ihren Wehen anspannt und zusammenzieht. Durch intensives Streicheln werden die Wehentätigkeit angeregt und die Schmerzen erträglicher.

Wenn sich zum errechneten Termin keine Ansätze einer bevorstehenden Geburt zeigen, sind manche Besitzer ungeduldig und verzweifelt, weil sie nicht so recht wissen, was eigentlich los ist. Ich rate Ihnen in diesem Fall, bei Ihrer Katze die Temperatur zu messen. Zum Einsatz der Geburt sinkt nämlich die Rektaltemperatur bis auf weniger als 37 °C.

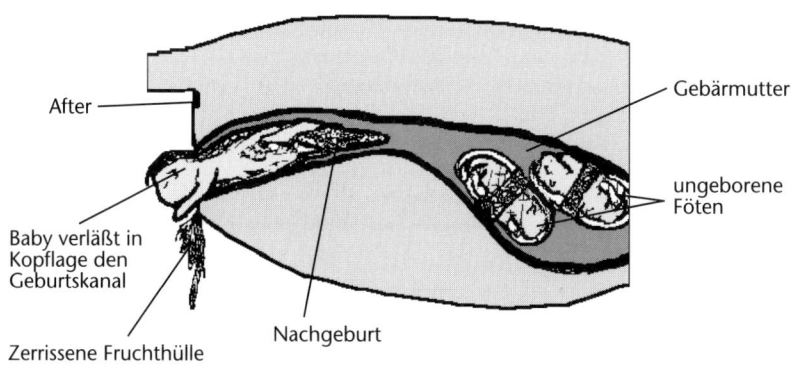

After

Gebärmutter

ungeborene Föten

Baby verläßt in Kopflage den Geburtskanal

Zerrissene Fruchthülle

Nachgeburt

Verlassen des Geburtsweges.

Der Eröffnungsphase folgt die Austreibungsphase. Wenn die Preßwehen einsetzen, platzt die äußere Fruchthülle. Die Geburtswege werden dadurch geschmeidiger. In Kopf- oder Steißlage erscheint bald darauf (in der Scheidenöffnung) das erste Junge, eingeschlossen in seiner Fruchtblase. Unter starken, in kurzen Abständen folgenden Wehen wird es aus dem Mutterleib herausgepreßt. In der Regel wird die Fruchthülle von der Mutterkatze zerrissen, das Neugeborene sorgfältig trockengeleckt und die Nachgeburt bis auf zwei bis drei Zentimeter verbleibende Nabelschnur verspeist. Etwa im Abstand von zehn bis fünfzig Minuten werden die anderen Kitten geboren. Bei erstgebärenden Katzen kann diese Zeitspanne bis zu mehreren Stunden dauern.

Zieht sich die Austreibungsphase trotz starker Preßwehen länger als zwei Stunden ohne Erfolg hin, sollten Sie nicht zögern, den Tierarzt hinzu zu ziehen. Er entscheidet, ob ein Kaiserschnitt gemacht werden muß, denn die Ursache kann ein zu enges Becken oder eine zu große oder abgestorbene Frucht sein. Liegt im Gegensatz hierzu eine Wehenschwäche vor, wird der Tierarzt helfen, indem er der Kätzin eine wehenfördernde Spritze verabreicht. Als homöopathisches Wehenmittel hat sich Caulophyllum D6 und Secale cornutum (im Wechsel alle 15 Minuten) bewährt. Allerdings sei jedem Züchter davon abzuraten, schon vor der Geburt des ersten Jungen im Alleingang eine Wehenspritze zu setzen oder genannte Mittel zu verabreichen. Liegt zum Beispiel ein Junges im Mutterleib quer, würde hierdurch größter Schaden angerichtet. Die Gebärmutter könnte durch die verstärkte Wehentätigkeit platzen. Bei auftretenden Schwierigkeiten wenden Sie sich immer zuerst an Ihren Tierarzt!

Wenn die Geburt zu rasch vorangeht, begreift Ihre Katze nicht mehr, was mit ihr geschieht. Sie ist überfordert und bewältigt es nicht mehr, ihr Kind abzunabeln oder trockenzuputzen, weil bereits das nächste erscheint. Nun sollten Sie ihr assistieren, indem Sie nicht verzehrte Nachgeburten entfernen, die Nabelschnur durchtrennen oder das Katzenkind aus seiner Hülle befreien (jedes Kitten hat seine eigene Fruchthülle) und trockenreiben. Schon bald werden Sie herausfinden, wo Ihre Hilfe benötigt wird.

Die Nabelschnur wird mit einer sterilen Schere durchtrennt, so daß ein zwei Zentimeter langes Stück am Kitten verbleibt. Schneidet man zu kurz ab, besteht die Gefahr eines Nabelbruchs. Anschließend wird das am Neugeborenen verbleibende Stück mit den Fingerspitzen zum Bäuchlein

bb. 7: *Cilla von Leedhof – Kartäuser*
terer Zuchtlinien, Besitzer: Koch, Lünen.

Abb. 8: Enno vom Eppenhof, EKH Lilac, Züchter: Gennermann, Hagen-Hohenlimburg.

Abb. 9: Ausstellung Heerlen (NL) 1990, Kartäuserwurf „vom Freien Grund".

Abb. 10: Alexa vom Reichenstein, Kartäuser auf ihrem Lieblingsstuhl. Besitzer: Braach, Neunkirchen.

Abb. 11: Grand Champion d'Europe Jessica vom Freien Grund, EKH Blaucreme. Züchter/Besitzer: Durth, Burbach.

Abb. 12: Blue Line Kitten, EKH Creme,
Züchter: Johansen, Hobaek (DK),
Besitzer: Wouters, Waalwijk (NL).

hin durchgeknetet, damit aus dieser Stelle kein Blut mehr austreten kann. Besser ist es, anstelle einer Schere die Nabelschnur mit den eigenen Fingernägeln abzukneifen. Dies kommt dem Durchbeißen durch die Mutterkatze am nächsten. Schon kurze Zeit später ist die Nabelschnur ausgetrocknet und fällt nach wenigen Tagen von selbst ab.

Nach dem Abtrennen der Nabelschnur nehmen Sie ein festes, rauhes Frottiertuch, legen das Kleine hinein und rubbeln es kräftig ab. Das Katzenkind wirkt viel zerbrechlicher, als es in Wirklichkeit ist. Haben Sie deshalb keine Angst, es tut ihm nicht weh! Sein Kreislauf wird dadurch angeregt, und seine Atmung kommt in Schwung.

Probleme, die das Leben eines Katzenkindes kosten können, werden durch eingeatmetes Fruchtwasser verursacht, das in der Lunge schnell eine massive Entzündung hervorrufen kann. Deshalb nehme ich mir sofort jeden einzelnen Welpen vor, halte ihn sicher mit dem Rücken in meiner Handmitte, stütze sein Köpfchen mit Zeige- und Mittelfinger und umschließe seinen Körper mit Daumen, Ring- und kleinem Finger. Nun schlage ich die Hand kreisförmig nach unten, als ob ich aus einem leergetrunkenen Becher den letzten Tropfen Flüssigkeit herausschleudern wollte. Das Wichtigste bei dieser Prozedur ist, daß man Köpfchen und Hals fest abstützt, damit kein Wirbel verletzt werden kann. Bitte handeln Sie nicht zimperlich, doch trotzdem vorsichtig und mit Verstand, denn Sie halten Leben in Ihrer Hand!

Eine weitere Alternative, eingeatmetes Fruchtwasser zu entfernen, ist zwar nicht jedermanns Sache, aber wir sollten uns keine Chance entgehen lassen, das Leben eines Katzenkindes zu retten: Wenn erforderlich, nehme ich das Kätzchen, setze meinen Mund auf sein Gesicht und sauge das Fruchtwasser aus Mäulchen und Näschen ab. Dies wiederhole ich mehrmals hintereinander. Anschließend spüle ich meinen Mund mit frischem Leitungswasser. Allein der Gedanke daran wird viele von Ihnen abstoßen, doch mit dieser Prozedur habe ich schon einige Katzenkinder retten können.

Kartäuser haben ein Geburtsgewicht von 90 bis 140 Gramm. Aufgrund ihres dichten Teddypelzes erscheinen sie von der ersten Stunde an schon richtig ausgereift. Wie alle Katzenkinder werden auch Kartäuser blind und taub geboren und haben einen vorzüglichen Geruchs- und Tastsinn. Hält man einen Finger vor das Näschen eines Neugeborenen, so ist es bereits vom ersten Tag an in der Lage, fremden Geruch zu registrieren und zu fauchen.

Nach abgeschlossener Geburt gönnen Sie der Mutterkatze ein wenig Kraftfutter aus Tatar, Dosenmilch, einem verquirlten Eigelb und etwas Traubenzucker (manche Züchter geben auch noch wenige Tropfen Weinbrand hinzu). Dann legen Sie die Wurfkiste mit sauberen Laken aus. Ihre Kartäuserdame wird melodisch schnurren, während die Kinderschar genüßlich an den Zitzen trampelt (Milchtritt). Sie hat Schwerstarbeit geleistet und braucht jetzt absolute Ruhe. Zufrieden umschließt sie die Kleinen mit ihrem Körper, damit nichts und niemand die kleine Familie mehr stören kann.

Die ersten Lebenstage

Wundern Sie sich nicht, wenn für die Katzenmutter im Augenblick nichts und niemand zählt, außer ihren Jungen. Sie verläßt ihr Nest nur noch zum Essen, Trinken und um ihre Toilette aufzusuchen. Selbst dies ist momentan zweitrangig für sie. Deshalb stelle ich Futter- und Wassernapf unmittelbar neben dem Nesteingang auf. In den ersten Tagen nach der Geburt sollte auch die Katzentoilette im gleichen Raum stehen. So kann die Katze ihre Kleinen immer im Auge behalten.

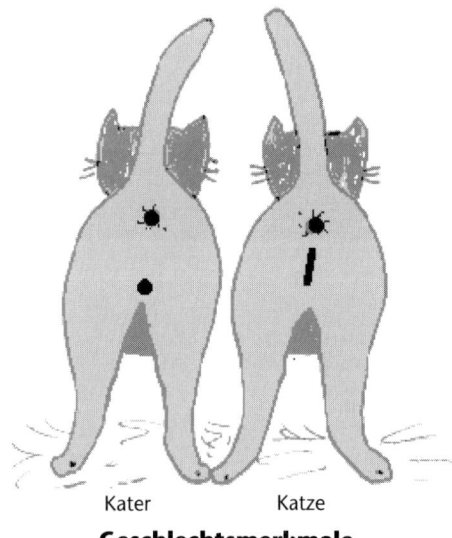

Kater   Katze

Geschlechtsmerkmale

Geschlechtsmerkmale eines Jungtieres, am besten erkennbar direkt nach der Geburt.

Katzenmutter mit ihren Neugeborenen. „Halloween vom Susannengrund", Europäisch Kurzhaar Lilac-Weiß mit Kitten der Farben Chocolate-Weiß und Lilac-Weiß. Besitzer: Gennermann, Hagen-Hohenlimburg.

Das Geschlecht eines Neugeborenen können Sie zu diesem Zeitpunkt am einfachsten bestimmen. Beim weiblichen Tier liegen After und Geschlechtsteil dicht untereinander, wie Punkt und Komma. Beim Kater dagegen ist der Abstand etwas größer, etwa wie ein auseinander gerückter Doppelpunkt. Das Fell neugeborener Kartäuser ist kurz und flauschig, das Köpfchen wirkt übermäßig groß und rund. Obwohl sie noch blind und taub sind, ertasten die Kitten doch sicher den Weg zu den Zitzen. Für mich grenzt der Anblick solch vertrauter Szene immer wieder an Wunder.

Die kleinen Wollknäuel stoßen sich an den Hinterbeinen ab und kämpfen von der ersten Stunde an um ihren Lieblingsplatz an Mutters vertrautem Bauch. Kleine, noch sehr zarte Vorderbeinchen stampfen in rhythmischen Milchtrittbewegungen rechts und links der Zitze. Dadurch kommt der Milchfluß in Bewegung. Die erste Milch (Kolostralmilch oder Kolostrum) ist besonders wichtig für ein Katzenkind. Durch sie bilden sich Abwehrstoffe, die fürs Überleben von großer Bedeutung sind. Junge, die keine Kolostralmilch erhielten, sind gegen äußere Einflüsse und

Infektionen sehr empfindlich. Deshalb wird der Tierarzt diesen Jungtieren künstliche Abwehrstoffe in Form eines speziellen Katzenserums spritzen.

In den Trinkpausen liegen die Kleinen dicht neben- und übereinander, gleich einem lebendigen Wollknäuel. So fühlt eines die Wärme des anderen. Ihr Schlaf ist keineswegs ruhig. Ihre Glieder zappeln und zucken. Ihre Schnäuzchen machen mitunter saugende Bewegungen, als würden sie noch trinken. Weckt nun die Mutter Ihre kleine Schar durch Putzen und Ablecken, beginnt erneut das Balgen um die Lieblingszitze.

Das Putzen hat seine besondere Funktion. Bäuchlein und Genitalbereich des Kätzchens werden mit der mütterlichen Zunge massiert. Dies regt den gesamten Stoffwechsel an, denn Katzenkinder sind in den ersten zwei bis drei Lebenswochen noch nicht in der Lage, allein Kot oder Urin abzusetzen. Ohne Hilfe würden sie sehr schnell sterben. Die Mutter putzt ihre Kinder vortrefflich sauber, deshalb werden Sie kaum Ausscheidungen im Nest vorfinden.

Damit die Katzenmutter innerhalb der nächsten Zeit keinen Anfall von Eklampsie (Milchfieber, bei Katzen mitunter tödlich verlaufende Stoffwechselstörung) bekommt, sollten Sie ihr zeitweise pikante Zwischenhappen servieren. Ich nehme Tatar, füge einen Eßlöffel Dosenmilch und ein Eigelb hinzu, dann versetze ich alles mit einer Messerspitze Osspulvit – bestehend aus Mineralbausteinen des Knochens: Kalzium, Kalium, Phosphor und den Vitaminen A, B, C, D, E (Apotheke). Bedenken Sie aber, daß ein Zuviel an Vitaminen und Mineralstoffen Ihrer Katze nicht hilft, sondern schadet.

Hat die Katzenmutter keine Milch – sei es wegen einer Kaiserschnitt-Geburt oder Hormonstörungen – benötigen ihre Kinder auf dem schnellsten Weg eine Amme, egal, ob Edel- oder Hauskatze. Ihr Tierarzt wird Ihnen bei der Suche behilflich sein. Finden Sie keine säugende Kätzin, müssen Sie die Fütterung selbst übernehmen. Lehnt Ihre Katzenmutter die Versorgung der Kitten ab, müssen Sie auch diese mit übernehmen. Mit käuflichem Welpen- oder Liebesperlen-Fläschchen und Aufzuchtmilch (im Fachhandel erhältlich) füttern Sie die Katzenkinder in Intervallen von zwei Stunden rund um die Uhr.

Sie können die Welpenmilch auch selber anfertigen. Damit habe ich bessere Erfahrungen gemacht, als mit handelsüblichen Produkten (Zubereitung siehe Hausapotheke). Nach dem Trinken werden die Bäuchlein mit einer weichen, in etwas Babyöl getauchten Zahnbürste oder einem kleinen Schwamm in Richtung Genitalien massiert. Durch diese Maßnahme setzen die Kleinen Kot und Urin ab.

Auch von Hand gefütterte Katzenkinder nehmen vom zweiten bzw. dritten Lebenstag an täglich zu. Innerhalb der ersten Lebenswoche sollte ein Kätzchen sein Geburtsgewicht verdoppelt haben. Ein Flaschenbaby hinkt zwar dem natürlich ernährten für wenige Tage nach, holt aber meist in der zweiten Woche schon auf. Da die Gewichtszunahme von Wurf zu Wurf variiert, wäre eine vorgeschriebene Entwicklungstabelle nur irreführend. Wichtig ist, jedes Baby eines Wurfes täglich von Geburt an drei Wochen lang zu wiegen. Wenn Sie dies regelmäßig tun, werden Sie bald feststellen, ob alle gleichermaßen zunehmen oder ob Sie eines nachfüttern müssen. In den ersten drei Monaten rechnet man im allgemeinen Lebenswochen mal 100 (z. B.: Alter 7 Wochen × 100 = 700 g). Viele Kartäuserkinder machen diese Rechnung zunichte, weil sie mit sieben Wochen schon volle 1000 Gramm erreicht haben.

Ein Kartäuser wächst heran

Sie sollten sich überlegen, welche Namen Sie Ihren Katzenkindern geben wollen. Im Sonderteil „Bunte Welt der Katzennamen" finden Sie möglicherweise etwas Passendes. Selbstverständlich können Sie Ihrer Phantasie freien Lauf lassen. Aufgrund besserer Übersicht sollten Sie bei allen Kitten eines Wurfes den gleichen Anfangsbuchstaben verwenden. Die meisten Züchter beginnen bei ihrem ersten Wurf mit dem Buchstaben „A" und setzen mit „B" , „C" usw. das Alphabet fort. Stehen Ihre Namen fest, sollten Sie möglichst bald Ihrem Verein die Wurfmeldung (mit Decknachweis) zukommen lassen, damit die Ahnentafeln erstellt werden können.

Meine „Jessica" (Europäisch Kurzhaar Blaucreme) besitzt die Eigenart, immer wieder neue und bessere Nester für Ihre Jungen auszukundschaften. Selbst vor dem Bett oder Bücherregal unseres Sohnes machte sie bisher keinen Halt. Manchmal stockte mir der Atem, wenn sie mit ihrer kostbaren Fracht das Treppenhaus auf und ab marschierte. Eine Katzenmutter, die ihre Welpen umherschleppt, fühlt sich oft durch eine zu unruhige Umgebung gestört. Manchmal wählt sie auch nur ihr eigenes Lieblingslager für die Kinder aus. Sie greift das Kleine im Genick und marschiert hoch erhobenen Hauptes mit ihm in ein anderes Nest.

Das Kleine hängt schlaff zwischen den Zähnen der Mutter und rührt sich nicht, bis die Mutter es absetzt (Tragestarre).

Etwa zwischen dem siebenten und elften Lebenstag (in seltenen Fällen ab dem vierten Tag) öffnen sich die Augen und verfolgen noch recht unbeholfen, doch neugierig die Umwelt. Ungewöhnlich ist es, daß Junge mit offenen Augen geboren werden, doch auch dies kommt gelegentlich einmal vor.

Wie bei Katzenkindern aller Rassen ist die Augenfarbe jetzt noch blau. Das Gehör entwickelt sich allmählich bis zur dritten Lebenswoche. Die Mutter verläßt nun häufiger ihr Nest. Sie wählt hin und wieder einen Platz, von wo aus sie die Jungen sehen und hören kann. Fängt eines an zu weinen, ist sie sofort zur Stelle und sieht nach dem Rechten.

Bei den ersten Laufversuchen waren meine Kitten meist Spätentwickler. Mit ihren plumpen, pummeligen Körperchen sind junge Europäisch Kurzhaarkatzen etwas unbeholfener als schlanke Rassen. Etwa ab der vierten Lebenswoche wird die Wurfkiste zu eng. Der gesamte Nestbereich wird „umzäunt". Hierzu baute mein Mann aus etwa 30 cm breiten Regalbrettern ein „Laufställchen", welches das Nest, die Futternäpfe und einen kleinen Laufbereich umschließt. Anstelle einer selbstgebauten Umfriedung können Sie auch einen ausgedienten Babylaufstall benutzen, dessen Rand Sie mit Acrylglas auskleiden.

In die Wurfkiste schneiden Sie nun eine niedrige Luke, so daß die Kleinen aus- und einsteigen können. Sie werden sich wundern, wie rasch das erste Köpfchen nach draußen schaut und die neue Umgebung inspiziert.

Nun ist es an der Zeit, zuzufüttern. Als Anfangsnahrung bekommen meine Katzenkinder Baby-Mehrkornflocken, angerührt in 10ʼiger, zur Hälfte mit warmem Wasser verdünnter Dosenmilch. Nach einer Woche mische ich etwa ein Drittel Dosen- oder eingeweichtes Trockenfutter unter.

Sobald die Katzenkinder Fremdnahrung aufnehmen, sollten Sie eine Baby- oder Ausstellungstoilette, gefüllt mit etwas Streu, vor dem Nestausgang aufstellen. Es ist dann ganz normal, wenn anfangs an dem Katzenstreu genippt wird. Man muß ja schließlich wissen, was man hier vorgesetzt bekommt!

Vielleicht schauen Sie nun mit einem lachenden und einem weinenden Auge auf „Ihre" Katzenkinder: Aus Kindern werden Leute – kleine Katzen werden flügge!

Früh übt sich...

Erwachsene Kartäuser sind äußerst ruhige und beschauliche Hausgenossen. Bei heranwachsenden Jungtieren können Sie genau das Gegenteil feststellen. Ihre Wohnung wird sich zu einem einzigen Katzen-Spielzimmer entwickeln. Die ersten Kletterversuche werden an den Gardinen unternommen, Schränke, Tische und Stühle werden zum Turnen benutzt und die neue Ledergarnitur bekommt schon mal einen Kratzer ab. Umhertollen, Balgen, Schlafen und Essen – das ist im Augenblick der Tagesablauf eines Katzenkindes. Selbst der eigene Schwanz wird gejagt. Es wird sich angeschlichen, gerangelt und gekämpft. Katzenkinder üben bei diesen Spielen ihre Kräfte fürs spätere Leben. Menschen gegenüber sind die Kleinen aufgeschlossen und unvoreingenommen.

Man sollte den Spieldrang junger Katzen nicht durch ständiges Maßregeln einengen, doch entgegen vieler Ansichten rate ich Ihnen, frühzeitig mit der Erziehung der Kleinen anzufangen. Mitunter sind sie recht eigensinnig, etwa wie unerzogene Menschenkinder, aber jedes Kätzchen ist aufnahmebereit für alles Neue. Wenn falsche Verhaltensweisen mit einem festen und bestimmten „Nein" gerügt, richtige dagegen mit einer kleinen Belohnung bestärkt werden, dann lernt ein Katzenkind schrittweise, wie es sich zu verhalten hat.

Von Anfang an sollten Sie sich im Klaren darüber sein, welche Verhaltensweisen der spätere Besitzer tolerieren oder untersagen wird. Liegt ein Kätzchen auf dem Tisch, heben Sie es herunter und sagen „Nein". Dies müssen Sie vielleicht öfter wiederholen, aber irgendwann versteht das Tier, was man von ihm erwartet, und es verhält sich entsprechend.

Es sieht putzig aus, wenn bei Ihrem Frühstück die Katzenkinder am Tisch versammelt sind und auch ein Häppchen abhaben wollen. Betteln ist von Anfang an nicht erlaubt. Deshalb versorgen Sie erst die Kätzchen, bringen sie zu ihrem eigenen Napf und geben ihnen dort die für sie vorgesehene Mahlzeit. Mit dem Krallenwetzen an Polstermöbeln gehen Sie nach dem gleichen Prinzip vor und zeigen Sie dem Katzenkind immer wieder den Kratzbaum.

Steigt auch gelegentlich mal Unmut in Ihnen hoch, lassen Sie sich bitte niemals dazu hinreißen, eine Katze zu schlagen. Dies würde irreparable Verhaltensänderungen hervorrufen, denn die Katze kennt

Essen ist angerichtet! Die Cattery „vom Eppenhof" bittet zu Tisch.

die Liebkosungen Ihrer Hand. Plötzlich erfährt sie, daß dieses „Etwas" Schmerzen zufügen kann. Sie wird verunsichert und tief gekränkt sein. Solche Wunden, die einmal das Vertrauensverhältnis erschüttert haben, hinterlassen häufig tiefe Narben. Das Tier fühlt sich mißbraucht und begreift nicht das „Warum".

Scheiden tut weh

Wenn Ihre Kartäuserkätzchen noch niemandem versprochen sind, dann sollten Sie sich langsam darum kümmern. Kommen Interessenten zu Ihnen, dann erinnern Sie sich bitte daran, daß auch Sie vor nicht allzu langer Zeit ein unerfahrener Käufer waren. Handeln Sie gewissenhaft, genauso, wie Sie es für sich beanspruchen würden. Achten Sie auch darauf, daß der Käufer ein wirklicher Katzenfreund ist. Lassen Sie sich gegebenenfalls seinen Ausweis zeigen. Fragen Sie ihn nach Familien- und Wohnverhältnissen. Geben Sie niemals ein zweitrangiges Tier in die Zucht. Bleiben Sie immer korrekt und ehrlich, nur so werden Sie sich langsam einen Namen als Züchter aufbauen.

Bis zur Abgabe Ihrer Jungtiere sind es noch wenige Wochen. Lassen Sie die zukünftigen Besitzer ruhig öfter mal zu Ihnen reinschauen und ihren angehenden Hausgenossen begrüßen. So lernt ein Katzenkind „seinen" Menschen frühzeitig kennen und akzeptieren.

- Bieten Sie niemals Ihre Jungtiere in Zoogeschäften zum Verkauf an!
- Machen Sie einen schriftlichen Kaufvertrag. Bei Abholung werden Impfausweis, Ahnentafel und Futter- bzw. Pflegehinweise ausgehändigt. Sorgen Sie gegebenenfalls für ein tierärztliches Gesundheitszeugnis.
- Pflegen Sie auch nach der Abgabe Kontakt mit den Besitzern Ihrer Kätzchen.
- Haben Sie bei deren Fragen stets ein offenes Ohr und versuchen Sie, bei Problemen zu helfen.

Gerade in der heutigen Zeit ist es äußerst wichtig, dem zukünftigen Katzenkäufer, der Ihnen als Züchter vertrauen soll, auch den nötigen Respekt entgegenzubringen. Von Ihnen ein Gesundheitszeugnis seines zukünftigen Familienmitgliedes zu verlangen, sollte nicht mit Ablehnung betrachtet werden. Wer solche Bitten verweigert, rückt sich leicht in schlechtes Licht. Mein „Beispiel eines Gesundheitszeugnisses" soll Ihnen nur als Anregung dienen. Selbstverständlich bleibt die Formulierung Ihrem Tierarzt überlassen.

Beispiel für ein Gesundheitszeugnis

Name, Anschrift des Tierarztes:

_____

_____

Gesundheitszeugnis

Name der Katze:

_____

geboren am: _____

Rasse/Farbe: _____

Nachfolgende Untersuchungen wurden durchgeführt:

Allgemeinzustand _____

Mundhöhle, Augen, Ohren _____

Genitalbereich _____

Herz, Lunge _____

Knochenbau _____

Haut, Fell _____

Derzeitiges Gewicht beträgt: _____ g

_____

Datum, Stempel   Unterschrift des Tierarztes

Entwicklungs- und Pflegekalender von der ersten Woche bis zur Abgabe eines Jungtieres

1. Woche: Die gesamte Pflege übernimmt die Mutter. Sie ist vollauf beschäftigt und verläßt ihr Nest nur, um Futterplatz oder Toilette aufzusuchen, welche jetzt in der Nähe stehen sollte.
2. Woche: Das Geburtsgewicht hat sich am Anfang dieser Woche verdoppelt. Alle Pflege übernimmt die Mutter. Die Augen öffnen sich und sind noch blau. Sie sollten jetzt Namen aussuchen und die Ahnentafeln beantragen.
3. Woche: Erste Entwurmung. Das Milchgebiß entwickelt sich, und das Hörvermögen setzt ein. Das Kleine versucht, wenn auch recht unbeholfen, zu spielen. In den ersten drei Lebenswochen ist viel menschlicher Kontakt äußerst wichtig.
4. Woche: Ein Laufställchen errichten, das Wurfkiste, Babytoilette (niedriger Rand, evtl. Ausstellungstoilette), Futter- und Wassernapf umschließt. Zufüttern ist notwendig. Erste Benutzung der Katzentoilette.
5. Woche: Zweite Entwurmung. Das Junge ißt schon die ihm angebotenen Speisen. In den „Blauäuglein" der Kartäuserkinder zeigen sich die ersten dunklen Pigmentierungen und gehen ganz allmählich in „Kupferfarbe" über.
6. Woche: Das Katzenkind ist stubenrein. Das Laufställchen kann entfallen. Es wird gespielt und gekämpft. Die Mutterkatze wird rollig. (Durch die langsame Entwöhnung kommt es zur Umstellungsrolligkeit.)
7. Woche: Letzte Entwurmung vor der Impfung.
8. Woche: Die liebste Beschäftigung ist Umhertollen, alles ausprobieren und damit spielen. Spätestens jetzt mit der Erziehung beginnen.
9. Woche: Erstimpfung gegen Katzenseuche und Katzenschnupfen.
10. Woche: Eventuell Leukose-Erstimpfung.
11. Woche: Genießen Sie es noch, mit Ihren Katzenkindern zu spielen, denn schon bald ist Ultimo.
12. Woche: Ab Ende dieser Woche Wiederholungsimpfungen gegen Katzenseuche und Katzenschnupfen. Tollwutimpfung.
13. Woche: Ab heute dürfen die Katzenkinder bei ihren neuen Pflegeeltern Einzug halten. Wenn Sie Leukose impfen lassen, erfolgt in dieser Woche die Leukose-Zweitimpfung. Danach sollten die Kleinen mindestens noch fünf Tage bei Ihnen bleiben.

Tragzeitkalender

Tabelle zur Berechnung des Geburtstermines bei einer Tragzeit von 65 Tagen

Deck dat	Wurf dat	Deck dat	Wurf dat	Deck dat	Wurf dat	Deck dat	Wurf dat	Deck dat	Wurf dat	Deck dat	Wurf dat
Jan	März April	Feb	April Mai	März	Mai Juni	April	Juni Juli	Mai	Juli Aug	Juni	Aug Sept
1	7	1	7	1	5	1	5	1	5	1	5
2	8	2	8	2	6	2	6	2	6	2	6
3	9	3	9	3	7	3	7	3	7	3	7
4	10	4	10	4	8	4	8	4	8	4	8
5	11	5	11	5	9	5	9	5	9	5	9
6	12	6	12	6	10	6	10	6	10	6	10
7	13	7	13	7	11	7	11	7	11	7	11
8	14	8	14	8	12	8	12	8	12	8	12
9	15	9	15	9	13	9	13	9	13	9	13
10	16	10	16	10	14	10	14	10	14	10	14
11	17	11	17	11	15	11	15	11	15	11	15
12	18	12	18	12	16	12	16	12	16	12	16
13	19	13	19	13	17	13	17	13	17	13	17
14	20	14	20	14	18	14	18	14	18	14	18
15	21	15	21	15	19	15	19	15	19	15	19
16	22	16	22	16	20	16	20	16	20	16	20
17	23	17	23	17	21	17	21	17	21	17	21
18	24	18	24	18	22	18	22	18	22	18	22
19	25	19	25	19	23	19	23	19	23	19	23
20	26	20	26	20	24	20	24	20	24	20	24
21	27	21	27	21	25	21	25	21	25	21	25
22	28	22	28	22	26	22	26	22	26	22	26
23	29	23	29	23	27	23	27	23	27	23	27
24	30	24	30	24	28	24	28	24	28	24	28
25	31	25	1	25	29	25	29	25	29	25	29
26	1	26	2	26	30	26	30	26	30	26	30
27	2	27	3	27	31	27	1	27	31	27	31
28	3	28	4	28	1	28	2	28	1	28	1
29	4	29	5	29	2	29	3	29	2	29	2
30	5			30	3	30	4	30	3	30	3
31	6			31	4			31	4		

Fortsetzung Tragzeitkalender

Deck dat	Wurf dat	Deck dat	Wurf dat	Deck dat	Wurf dat	Deck dat	Wurf dat	Deck dat	Wurf dat	Deck dat	Wurf dat
Juli	Se/Ok	Aug	Ok/No	Sept	No/De	Oktob	De/Ja	Nov	Ja/Fe	Dez	Fe/M
1	4	1	5	1	5	1	5	1	5	1	4
2	5	2	6	2	6	2	6	2	6	2	5
3	6	3	7	3	7	3	7	3	7	3	6
4	7	4	8	4	8	4	8	4	8	4	7
5	8	5	9	5	9	5	9	5	9	5	8
6	9	6	10	6	10	6	10	6	10	6	9
7	10	7	11	7	11	7	11	7	11	7	10
8	11	8	12	8	12	8	12	8	12	8	11
9	12	9	13	9	13	9	13	9	13	9	12
10	13	10	14	10	14	10	14	10	14	10	13
11	14	11	15	11	15	11	15	11	15	11	14
12	15	12	16	12	16	12	16	12	16	12	15
13	16	13	17	13	17	13	17	13	17	13	16
14	17	14	18	14	18	14	18	14	18	14	17
15	18	15	19	15	19	15	19	15	19	15	18
16	19	16	20	16	20	16	20	16	20	16	19
17	20	17	21	17	21	17	21	17	21	17	20
18	21	18	22	18	22	18	22	18	22	18	21
19	22	19	23	19	23	19	23	19	23	19	22
20	23	20	24	20	24	20	24	20	24	20	23
21	24	21	25	21	25	21	25	21	25	21	24
22	25	22	26	22	26	22	26	22	26	22	25
23	26	23	27	23	27	23	27	23	27	23	26
24	27	24	28	24	28	24	28	24	28	24	27
25	28	25	29	25	29	25	29	25	29	25	28
26	29	26	30	26	30	26	30	26	30	26	1(29)
27	30	27	31	27	1	27	31	27	31	27	2 (1)
28	1	28	1	28	2	28	1	28	1	28	3 (2)
29	2	29	2	29	3	29	2	29	2	29	4 (3)
30	3	30	3	30	4	30	3	30	4	30	5 (4)
31	4	31	4			31	4			31	6 (5)

Kleiner Wegweiser zur Farbvererbung

Für viele von uns ist Genetik ein äußerst langweiliges Gebiet. Weil so schwer verständlich, verliert man leicht das Interesse daran. Ich will mich nicht groß an diesem Thema vergreifen, denn auch ich fühle mich hier als Einäugige unter den Blinden. Um so mehr möchte ich auf die Literatur von Roy Robinson und Dagmar Thies (siehe Anhang) hinweisen. Was allerdings ein Züchter wissen sollte, gebe ich gern weiter.

Der österreichische Mönch und Botaniker Gregor Johann Mendel (1822–1884) entdeckte die Grundregeln der Vererbungslehre. Durch Kreuzungsexperimente mit gelben und grünen Gartenerbsen gelangte er zu der Erkenntnis, daß das Auftreten verschiedener Kriterien spezifischen Gesetzen unterliegt. Die Entdeckung, daß die Vererbungsvorgänge statistisch immer wieder in einem konstanten Zahlenverhältnis auftraten, wurde die Grundlage der Genetik (Vererbungslehre): die „Mendelschen Gesetze".

Ganz gleich, ob Mensch, Tier oder Pflanze, die Natur gehorcht den Mendelschen Gesetzen. Für einen Züchter ist es hilfreich, bei geplanten Paarungen im voraus zu wissen, was bei seinem Nachwuchs zu erwarten ist. Züchter ohne jegliche Genetikkenntnisse „graben mit der Stange im Nebel" und sind anschließend verwirrt über ihre Ergebnisse.

In jeder Körperzelle der Katze befinden sich 38 Chromosomen, das heißt 19 formgleiche Paare. Dies gilt für alle Zellen des Körpers, mit Ausnahme der Geschlechtszellen. Das männliche Geschlecht wird durch ein X- und ein Y-Chromosom, das weibliche durch zwei X-Chromosomen bestimmt.

XX = weiblich, XY = männlich

Jedes Chromosom wird durch eine lineare Reihe von Erbanlagen (Genen) gebildet. Es ist vergleichbar mit einer langen „Perlenkette". Jede „Perle" entspricht einer bestimmten Eigenschaft. Die Gesamtheit aller Gene bestimmt das Erbbild eines Lebewesens. Während der Zellteilung erstellt jedes Gen eine deckungsgleiche Kopie seiner selbst und gibt an jede Tochterzelle dieselbe Zahl an Genen wie in der ursprüngliche Zelle weiter. Gelegentlich tritt bei dieser Verdoppelung ein Fehler auf. Diese Veränderungen am Normalerbgut nennt man Mutationen.

Um Erbgänge einfacher darstellen zu können, wurde eine Buchstaben-Symbolik entwickelt. Dominante (in Erscheinung tretende) Gene erhalten Großbuchstaben, rezessive (unterdrückte) erhalten Kleinbuchstaben (siehe Tabelle). Wir unterscheiden reinerbige (homozygote) und mischerbige (heterozygote) Erbanlagen. Bei Reinerbigkeit bilden die allelen, das heißt die einander entsprechenden Gene jeweils ein Paar, zum Beispiel W/W. Sind die beiden Gene verschiedenartig, bezeichnet man sie zum Beispiel mit W/w.

Von Kater und Katze mischen sich bei der Befruchtung die Gene, dominante wie auch rezessive. Dominant sind zum Beispiel die Farben Schwarz gegenüber Blau, Weiß gegenüber Nicht-Weiß. Wird also ein reinerbig schwarzer Kater mit einer blauen Katze gepaart, werden ihre Nachkommen mischerbig schwarz sein, das heißt, sie werden ein schwarzes Fell besitzen, aber die blaue Farbe tritt in Verbindung mit einem blauen oder mischerbig schwarzen Partner bei ihren Kindern wieder auf.

Es gibt bei Katzen zwei Farbgene, die geschlechtsgebunden sind und nur auf dem X-Chromosom getragen werden: die Gene für Schwarz- und Rotfärbung. Dies bedeutet, daß das männliche Tier nur ein Gen davon besitzen kann (XY), das weibliche dagegen zwei (XX). Die Grundfarben Schwarz und Rot werden durch verschiedene Veränderungsgene wie Ticking und/oder Tabby, Verdünnung usw. beeinflußt und abgewandelt. Die Verdünnung von Schwarz resultiert in den Fellfarben Blau, Lilac und Chocolate. Die Verdünnung von Rot bildet die Farbe Creme. Bei schwarzer Grundfarbe entstehen durch weitere Veränderungsfaktoren die wunderschönen Chinchillas, Silvershadeds bzw. Silvertabbys. Die Grundfarbe rot verändert sich in Cameo und/oder Tabby.

Bestimmte Färbungen wie z. B. Blaucreme oder auch Schildpatt treten normalerweise nur bei weiblichen Tieren auf, da nur diese zwei X-Chromosomen besitzen und die beiden entsprechenden Farbgene miteinander kombinieren können.

Während die Farben Blaucreme und Schildpatt (Tortie) den meisten bekannt sind, kennen nur wenige die Farben Shell-, Shaded- und Smoke-Schildpatt. Diese drei Tortie-Varietäten zeigen schwarzes Tipping mit rotgetippten Flecken bei gleicher Verteilung, die auch bei normalen Schildpattkatzen erwünscht ist. Tortie Smoke Babies weisen bei der Geburt hellsilberne bis weiße Zeichnungen in Gesicht und an den Beinen genau wie die Black Smokes auf. Shaded Tortie ist das Ergebnis der Genkombination Schwarz-Rot-Shaded (weiße Unterwolle).

Symbolische Darstellung einiger Gene

A	Wildfarbe Agouti (Haarbänderung)	a	kein Agouti (keine Haarbänderung)
B	Schwarz	b	Braun, Chocolate
C	Einfarbig	c	Farblos (Albino)
D	Unverdünnt	d	Verdünnung
L	Normalhaar kurz	l	Langhaar
W	Weiß	w	Nicht-Weiß
O	Rot	o	Nicht-Rot
S	Scheckung	s	ohne Scheckung

Farbverteilung der Jungtiere eines Wurfes

Farbe d. Katze	Farbe d. Katers	Farben weibl. Jungtiere	Farben männl. Jungtiere
Schwarz	Schwarz	Schwarz, Kartäuser	Schwarz, Kartäuser
	Kartäuser	Schwarz, Kartäuser	Schwarz, Kartäuser
	Rot	Blaucreme, Schildpatt	Schwarz, Kartäuser
	Creme	Blaucreme, Schildpatt	Schwarz, Kartäuser
Kartäuser	Schwarz	Schwarz, Kartäuser	Schwarz, Kartäuser
	Kartäuser	Kartäuser	Kartäuser
	Rot	Schildpatt, Blaucreme	Schwarz, Kartäuser
	Creme	Blaucreme	Kartäuser
Rot	Schwarz	Schildpatt, Blaucreme	Rot, Creme
	Kartäuser	Schildpatt, Blaucreme	Rot, Creme
	Rot	Rot, Creme	Rot, Creme
	Creme	Rot, Creme	Rot, Creme
Creme	Schwarz	Schildpatt, Blaucreme	Rot, Creme
	Kartäuser	Blaucreme	Creme
	Rot	Rot, Creme	Rot, Creme
	Creme	Creme	Creme
Blaucreme	Schwarz	Schwarz, Kartäuser, Schildpatt, Blaucreme	Schwarz, Kartäuser, Rot, Creme
	Kartäuser	Kartäuser, Blaucreme	Kartäuser, Creme
	Rot	Blaucreme, Schildpatt, Rot, Creme	Kartäuser, Creme, Rot, Schwarz
	Creme	Blaucreme, Creme	Kartäuser, Creme

Abwandlung der Grundfarben Schwarz und Rot durch verschiedene Veränderungsfaktoren

Veränderungsgen Farbe/Muster	Schwarz	Rot	Tortie/Schildpatt
Verdünnung	Blau, Lilac, Chocolate	Creme	Blaucreme
Tabby	Brown Tabby	Red Tabby	Brown Tabby mit roten Flecken
Ticking (weiße Unterwolle)	Shaded Silver, Chinchilla, Black Smoke	Shaded Cameo, Shell Cameo, Red Smoke	Shaded Tortie, Shell Tortie, Tortie Smoke
Tabby + Ticking	Silver Tabby, Shaded Golden	Cameo Tabby	Silver Tabby mit Cameo Flecken
Verdünnung + Tabby	Blue Tabby	Creme Tabby	Blue Tabby mit Creme Flecken
Verdünnung + Ticking	Blue Smoke, Blue Tipped Silver	Creme Tipped, Cameo	Blaucreme Smoke, Shell Blaucreme Shaded Blaucreme
Verdünnung + Ticking ı Tabby	Shaded Blue Tabby	Creme Tipped, Cameo Tabby	Shaded Blue Tabby mit Cameo Flecken
Weiß	Weiß	Weiß	Weiß

Anmerkung zu Weiß: Das einfarbige Weiß ist immer überdeckend (epistatisch). Weiße Katzen können je nach Herkunft und Linien einen oben erwähnten Genotypen tragen, der in seiner verdeckten (hypostatischen) Form verhüllt bleibt. Die Katzen erscheinen einfarbig weiß. Trotzdem kann die Zucht mit einer weißen Kätzin einige Überraschungen parat halten. Mit einem weißen Kater gepaart bringt sie unter Umständen einen kunterbunten Wurf zur Welt. Deshalb ist es immer ratsam, die Stammbäume vorher genau zu studieren, denn die meisten weißen Katzen haben nur ein weißes „Deckmäntelchen".

Am Ende des Zuchtkapitels möchte ich Ihnen wiederholt ans Herz legen, daß Sie jegliche Fäden des Lebens in Ihren Händen halten. Vergessen Sie bitte keinen Augenblick, daß die Tiere Ihnen auf Gedeih und Verderb ausgeliefert sind. Lassen Sie sich nie auf irgendwelche Qualzüchtungen ein. Züchten Sie auf keinen Fall mit einem kranken, verhaltensgestörten, an Mißbildungen (Knickschwanz, Unterbiß, Einhodigkeit, zu extreme Nase, Taubheit, Blindheit usw.) leidenden Tier.

Auch wenn solch eine Katze ansonsten gesund ist, setzen Sie sie bitte niemals zur Zucht ein. Nur auf solche Weise ist es überhaupt realisierbar, eine gewissenhafte Zucht zu etablieren.

Genetisches Farbenspiel

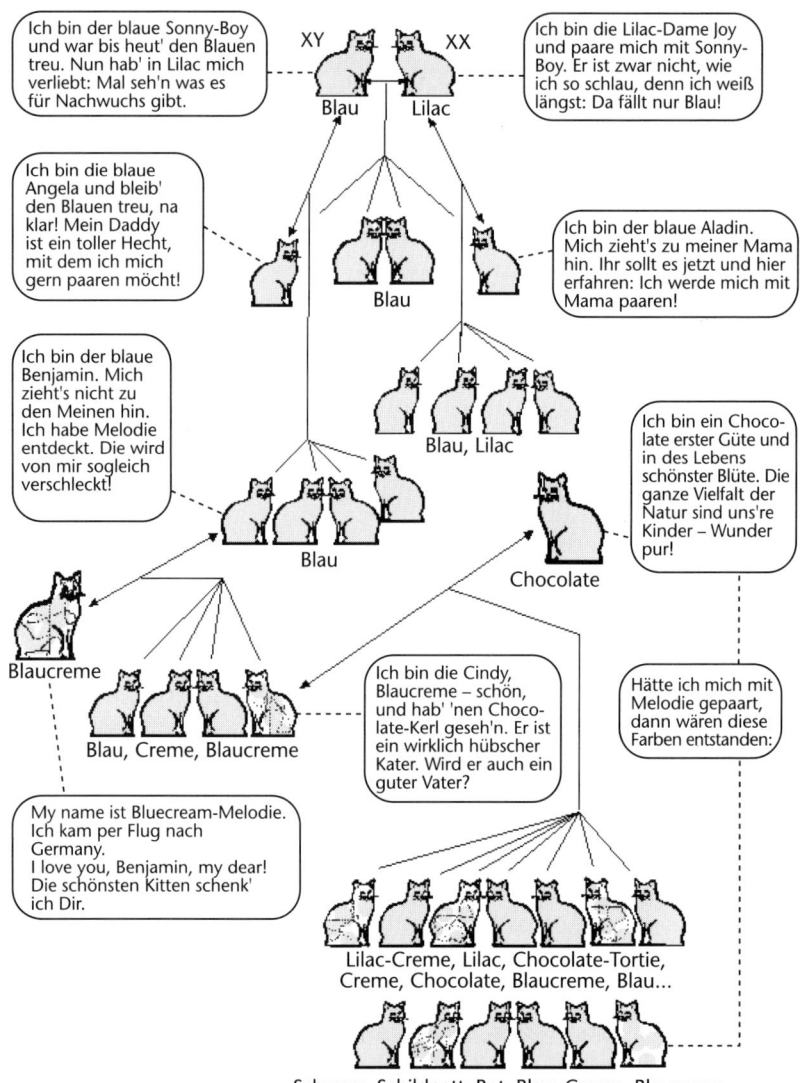

Zum Abschluß des Themas melden sich unsere Katzenkinder mit einem lockeren, jedoch hintergründigen Gedicht zu Wort:

Samtpfötchens Wünsche

Süße kleine Katzenschar – sieben Wünsche habt Ihr frei!
Was erwartet Ihr von uns – kommt und sagt es 1...2...3...:

Nummer 1: „Es ist nicht viel, nur ein Mensch mit viel Gefühl!
Hätt' ich den für mich allein, würd' ich ganz zufrieden sein."

Nummer 2: „Du hast ja recht. So ein Mensch wär' gar nicht schlecht,
Doch er dürfte auch nicht schrei'n, denn das könnt' ich nie
   verzeih'n."

Nummer 3: „Doch Du vergißt, was da äußerst wichtig ist,
Denn er muß uns respektieren – uns're Krallen akzeptieren!"

Nummer 4: „Vor allen Dingen dürfte er zu nichts mich zwingen!
Freiheit ist mir angeboren, bin zum Sklaven nicht erkoren."

Nummer 5: „Die größte Wonne wär' für mich ein Haus voll Sonne
Und ein Freund bei Tag und Nacht. Schmeicheln würde ich ihm
   sacht."

Nummer 6: „Was soll ich sagen, hab' im Herzen tausend Fragen,
Doch so mancher kluge Satz ist doch meistens für die Katz'!"

Nummer 7: „Pssst! Ganz still! Hört was ich jetzt reden will:
Hab' Euch Menschen was zu sagen, hoffentlich könnt' Ihr's ertragen!
Ja! Vor allem Ihr, die Züchter habt so vielerlei Gesichter!
Ehrgeiz treibt Euch oft zum Wahn, und die Dummen sind wir dann!
Setzt Euch ein korrektes Ziel – zeigt Geduld und viel Gefühl,
Ihr habt uns in Eurer Hand. Darum züchtet mit Verstand.
Denn wir wollen Euch vertrauen, sicher in das Morgen schauen!"

Eure Katzenschar

Farbpalette Europäisch Kurzhaar

Wer sie kennt, der muß sie einfach gernhaben, die Europäisch Kurzhaarkatze. In der Kurzbezeichnung kennen wir sie als EKH oder BKH (Britisch Kurzhaar). Es gibt sie in sämtlichen Farbvarianten der Perserkatzen von Weiß bis hin zum Tipped. Katzen dieser Farben haben zwar keine geheimnisumwitterten Geschichten vorzuweisen wie die legendären „Blauen", doch sie sind ebenso liebenswert.

Die Europäisch Kurzhaarkatze ist kräftig mit gedrungenem Körperbau. Sie hat einen schönen runden Kopf, eine kurze, breite und gerade Nase. Die an den Spitzen etwas abgerundeten Ohren sollten klein sein und weit auseinander stehen. Ihr samtiger Pelz lädt zum Streicheln ein. Er ist kurz und dicht mit viel Unterwolle.

Leuten, die von „bunten" Kartäusern reden, sei an dieser Stelle nochmals gesagt: Europäisch Kurzhaarkatzen laufen keineswegs unter dem Sammelbegriff „Kartäuser". Diese Bezeichnung ist untrennbar mit der blauen Farbe verknüpft! Alle anderen Farben sind durch Einkreuzung von Perserkatzen entstanden.

Die Europäisch Kurzhaarkatze ist goldrichtig für alle Katzenfreunde, die ein unkompliziertes, pflegeleichtes Tier suchen. Sie ist stark menschbezogen, versteht sich mit Kindern und läßt sich gut an Hunde gewöhnen. Kurzum: Sie ist die ideale Familienkatze.

Farben

Die „Katze in weiß" war schon immer etwas außergewöhnliches. Weiß fasziniert uns Menschen seit eh und je. Doch normale weiße Katzen sind eigentlich gar nicht weiß. Sie tragen lediglich ein „weißes Mäntelchen". Der Erbfaktor Weiß unterdrückt andere Farben. Weiße Katzen, die z. B. das Gen für Blau oder Creme besitzen, haben als Jungtiere bis zu etwa einem Jahr einen Tupfer dieser Farbe an ihrem

Kopf, der später verschwindet. Gelegentlich kann die Erbinformation für weiße Fellfarbe in Verbindung mit blauer bzw. zweierlei Augenfarbe mit dem Gen für Taubheit gekoppelt sein. Leider sind kürzlich nach einem Gerichtsurteil des Amtsgerichts Kassel unsere herrlichen weißen Katzen in schlechten Ruf geraten. Laut Az.99 Owi 626 Js 11 179.8/93 hieß es: „Eine Züchterin wurde wegen vorsätzlicher Qualzüchtung zu einer Geldbuße von DM 500,– verurteilt." Das Urteil bezog sich auf eine Züchterin, die sich auf einer Ausstellung gegen eine Hörprobe bei ihren weißen Katzen gewehrt hatte. Offenbar vertrat sie die Auffassung, um bestimmte Zuchtziele zu erreichen, müsse man erst auf taube Katzen zurückgreifen. Diese Einstellung kann kein verantwortungsbewußter Mensch vertreten! Ein gewissenhafter Weiß-Züchter wird niemals eine taube Katze zur Zucht einsetzen! Übrigens: Einige der schönsten „Weißen", an die ich mich gern erinnere, entstammen der Zucht „Moonshadow's".

Eine immer wieder faszinierende Farbe ist Schwarz. Schwarze Katzen wurden seit jeher mit dem Aberglauben vieler Völker konfrontiert. Zu Unrecht mußten sie Anschuldigungen über sich ergehen lassen, wie „eine schwarze Katze bringt Unglück...". Andererseits wurde die Abbildung einer schwarzen Katze auch schon oft zu Werbezwecken benutzt. Tiefschwarzer Pelz und der strahlende Blick aus leuchtenden Kupferaugen – solch außergewöhnliche Harmonie ist zweifellos gefragt. Bei viel Sonneneinwirkung wirkt das Fell rostig, genau wie das schwarzer Jungtiere. Diese haben meist einen Hauch von Braun in ihrem Kinderpelz und erreichen die wunderbare Ausstrahlung einer schwarzen Schönheit erst im Erwachsenenalter. Schöne „Schwarze" hat Familie Olroth („Poller Wiesen"). Ein langer züchterischer Weg brachte die für Europäisch Kurzhaar noch relativ junge Farbe Chocolate zustande. In den Anfängen der Zucht dieser Farbvariante tauchten immer wieder Probleme mit zu heller Augenfarbe auf, doch mittlerweile gibt es Chocolates mit strahlenden Kupferaugen. „Ein Häppchen Schokolade gefällig?" Wie anders sollte man diese Farbe beschreiben? Meine Katzenfreundin Frau Schäfer („of Shepherdhome") gab ihrem Chocolate-Kater „Mocca's Hot Chocolate Joufflu" den Kosenamen „Moccaschnitte".

Was ist Lilac oder Lavendel? Ein Hauch von Rosa auf Blau, so etwa würde ich diese Farbe beschreiben. Eine Lilac-Katze muß man einfach gesehen haben! In Holland wurde schon Anfang der 80 er Jahre ein wunderbarer Lilac-Kater auf den Ausstellungen gezeigt (Züchterin: Els Elmers, Rotterdam, NL). Ebenso wie bei den Chocolates ließ auch bei der Farbe Lilac die Augenfarbe viel zu wünschen übrig. Hier hat sich gleichermaßen viel getan. Zu den bekanntesten deutschen Züchtern dieser Farben (Lilac u. Chocolate) gehört Frau Annette Gennermann aus Hagen-Hohenlimburg mit ihren Tieren „vom Eppenhof".

Obwohl Rot zu den ältesten Farben zählt, sehen wir rote Europäer nur selten auf unseren Ausstellungen. Vielleicht liegt es daran, daß eine totale Zeichnungsfreiheit bei roten Europäisch Kurzhaarkatzen sehr schwer zu erzielen ist. Bei allen Jungtieren dieser Varietät findet man diese Punkt- bzw. Streifenzeichnung, die mit etwa eineinhalb Jahren verschwunden sein sollte.

Die Farbe Blau wurde in diesem Buch eingehend behandelt. Deshalb braucht an dieser Stelle nichts mehr hinzugefügt zu werden.

Züchter der Farbe Creme haben es mitunter schwer, helle und streifenfreie Tiere zu bekommen, weil hier die gleichen Farbprobleme auftreten wie bei Rot. Durch Auswahl streifenfreier Cremes für die Zucht wird dieses Problem irgendwann gelöst sein. Eine makellose Creme-Katze wird durch ihre einzigartige Anmut immer und überall Aufsehen erregen. Schöne Creme-Europäer sah ich bei Frau Hoppe in Breidenbach („Hoppes Haus"). Die Farben Blaucreme bzw. Tortie oder Schildpatt sind geschlechtsgebunden und immer weiblich. Da das männliche Tier nur ein X-Chromosom (XY) besitzt und für diese Farben zwei X-Chromosomen (XX) benötigt werden, bedarf es einer Mutation (XXY), um beim Kater diese Farben hervorzurufen.

Man sollte die geschlechtsgebunden vererbten Farben nicht mit Bicolour verwechseln. Diese kommt bei männlichen und weiblichen Tieren vor. Zur Gruppe der Tabbys zählen gestromte, getupfte und getigerte Europäisch Kurzhaarkatzen, welcher Farbe auch immer.

Tipped nennt man Katzen, die helle Haare mit einer dunkler gefärbten Spitze besitzen. Chinchilla oder Shadeds mit gutem, gleichmäßigen Tipping erwecken den Eindruck eines glitzernden Hauchs auf ihrem Fell. Hervorragende Katzen dieser besonderen Varietät hat unter anderem Familie Stein aus Köln („Moonshadow's") gezüchtet. Europäisch Kurzhaarkatzen mit Abzeichen nennt man Colourpoint. Sie werden in allen Farben der Siamkatzen gezüchtet. Auf diese Zucht hat sich Frau Hannelore Meinhard in Windeck-Gerressen („vom Bröltal") spezialisiert.

Egal, für welche Farbe auch immer man sich letztlich entscheidet: Die Europäisch Kurzhaarkatze ist wunderschön – mit einem Wort: einzigartig!

Europäisch Kurzhaar – Gemeinsamer Standard

Die Europäisch Kurzhaar ist kompakt, wohl ausgewogen und kraftvoll; sie hat einen recht kräftigen Körper, eine volle Brust, kurze, kräftige Beine, runde Pfoten und einen Schwanz mit dicker Wurzel und abgerundeten Ende. Der Kopf ist rund mit weit auseinandergesetzten Ohren, runden Wangen, einem festen Kinn, kleinen Ohren, großen, runden und weit offenen Augen sowie einer kurzen, breiten Nase. Das Fell ist kurz und dicht.

Kopf: Rund mit vollen Wangen und recht breitem Schädel, versehen mit einem runden Knochenbau. Der Kopf sollte auf einem kurzen, dicken Hals ruhen.

Nase: Die Nase sollte kurz, breit und gerade sein. Im Profil gesehen sollte die runde Stirn zu einer kurzen, geraden Nase führen, die einen weder zu stark ausgeprägten noch zu flachen Stop hat.

Kinn: Wichtig ist ein kräftiges, festes und starkes Kinn. Jegliche Abweichung hiervon ist als Fehler zu betrachten. Der Biß muß ebenmäßig sein; die Kinnspitze muß mit der Nasenspitze in der gleichen vertikalen Linie verlaufen.

Ohren: Klein und leicht abgerundet an den Spitzen. Weit auseinander gesetzt, in Harmonie mit der runden Kontur des Kopfes. Außenohr reich, Innenohr nicht zu stark behaart.

Augen: Groß, rund und gut geöffnet. Weit auseinander gesetzt, ohne Tendenz zum Mandelförmigen.

Körper: Gedrungener Typ mit kurzem, ebenmäßigen Rücken, auf niedrigen Beinen, mit breiter, kräftiger Brust. Schultern und Rumpf ebenmäßig und stämmig. Mittelgroß bis groß, jedoch nicht sehnig.

Pfoten: Rund und fest. Zehen eng aneinanderliegend.

Schwanz: Der Schwanz sollte dick und mittellang sein, dicker an der Wurzel und am Ende abgerundet.

Fell: Das Fell muß kurz, dicht und kräftig sein. Weiches und/oder überlanges flaumiges Fell ist unkorrekt.

Kondition: Perfekte physische Kondition, muskulös und von aufgewecktem Aussehen.

Punktskala

Kopf und Ohren	20
Körper, Beine, Pfoten	25
Fell: Textur, Länge	20
Farbe	15
Augen	10
Schwanz	10
insgesamt	100

Rassestandards Europäisch Kurzhaar

(entnommen aus D.R.U. Rassestandards Katzen der Welt)

Weiß

Farb-Nr. 14

Fellfarbe: Reines Weiß, ohne eine Spur von Gelb.

Augenfarbe: 14 Weiß mit blauen Augen – sehr tiefes Saphirblau.

14a Weiß mit orangefarbenen Augen – kupfer-, orange oder tief goldfarben.

14b Weiß mit zweierlei Augen – ein Auge saphirblau und das andere Auge kupfer-, orange- oder tief goldfarben.

Nasenspiegel und Pfotenballen: Rosa.

Fehler: Dunkle Zeichnung auf dem Kopf, zulässig nur bei Jungkatzen.

Titel und Erste Plätze einzubehalten bei:

1. Farbigem Fleck auf dem Kopf bei erwachsenen Katzen;
2. Unkorrekter Augenfarbe oder Rändern bzw. Flecken einer Kontrastfarbe (bei erwachsenen Katzen).

Schwarz

Farb-Nr. 15
Fellfarbe: Tiefschwarz bis zu den Haarwurzeln, ohne eine Spur von rostiger Farbe. Keine weißen Haare, an welcher Stelle auch immer.
Augenfarbe: Kupfer-, orange- oder tief goldfarben.
Nasenspiegel: Schwarz.
Fehler: Ein Hauch von Rostfarbe zulässig nur bei Jungkatzen.
Titel und Erste Plätze einzubehalten bei:

1. Nicht einwandfreier Fellfarbe;
2. Unkorrekter Augenfarbe oder Rändern bzw. Flecken einer Kontrastfarbe (bei erwachsenen Katzen).

Chocolate

Farb-Nr. 15 b
Fellfarbe: Jeglicher Farbton von sattem Dunkelbraun. Kurz und glänzend, überall gleichmäßig und einwandfrei ohne Tabbyzeichnungen, Schattierung und weiße Markierungen, an welcher Stelle auch immer.
Augenfarbe: Kupfer-, orangefarben oder gelb, ohne eine Spur von Grün.
Nasenspiegel: In derselben Farbe wie das Fell.
Pfotenballen: Rötlich.
Fehler: Wie bei allen einfarbigen Katzen können Jungkatzen Tabbyzeichnungen aufweisen, die verschwinden sollen, wenn die Katze erwachsen wird. Deshalb sollte das Alter der Ausstellungskatze in Betracht gezogen werden, wenn sich der Fehler zeigt.
Der Körpertyp darf keine Ähnlichkeit mit der Orientalisch Kurzhaarkatze aufweisen.

Lilac

Farb-Nr: 15 c
Fellfarbe: Frostiges Grau mit deutlich rötlichem Ton, der ein lilac-
farbenes Gesamtaussehen verleiht.
Augenfarbe: Kupfer-, orange- oder tief goldfarben.
Nasenspiegel und Pfotenballen: Rötlich.
Fehler: Tabbyzeichnungen (bei erwachsenen Katzen).

Rot

Farb-Nr. 15 d
Fellfarbe: Tiefes, sattes Rot mit so wenig Tabbyzeichnungen wie
möglich. Nirgendwo ein Anzeichen von Weiß.
Augenfarbe: Kupfer- oder orangefarben, ohne eine Spur von Grün.
Nasenspiegel und Pfotenballen: Ziegelrot.
Fehler: Tabbyzeichnungen (bei erwachsenen Katzen).

Kartäuser (Blau)

Farb-Nr. 16
Fellfarbe: Helles bis mittleres Blau, gleichmäßige Farbe einwandfrei
bis zu den Haarwurzeln. Keine Tabbyzeichnungen, silbernes Tipping
oder Weiß, an welcher Stelle auch immer.
Augenfarbe: Kupfer-, orange- oder tief goldfarben.
Nasenspiegel und Pfotenballen: Blau.
Titel und Erste Plätze einzuhalten bei:

1. Nicht einwandfreier Fellfarbe;
2. Silbernem Tipping auf dem Fell (bei erwachsenen Tieren);
3. Unkorrekter Augenfarbe oder Rändern bzw. Flecken einer Kontrastfarbe (bei erwachsenen Katzen).

Creme

Farb-Nr. 17
Fellfarbe: Blaß getöntes Creme, weder Rot noch Beige. Einwandfrei bis zu den Haarwurzeln. Das Fell muß so frei wie möglich von Zeichnungen sein. Keine weißen Haare, an welcher Stelle auch immer.
Augenfarbe: Kupfer-, orange- oder tief goldfarben.
Nasenspiegel und Pfotenballen: Rosa.
Titel und Erste Plätze einzubehalten bei:

1. Starken Tabbyzeichnungen;
2. Weißen Haaren;
3. Unkorrekter Augenfarbe oder Rändern bzw. Flecken einer Kontrastfarbe (bei erwachsenen Katzen).

Silver Tabby

Farb-Nr. 18
Grundfarbe: Silbern in allen Bereichen, einschließlich Kinn und Lippen.
Zeichnungen: Dichtes Schwarz.
Augenfarbe: Grün oder haselnußfarben.
Nasenspiegel: Ziegelrot bevorzugt, obgleich schwarz zulässig ist.
Ballen und Pfoten: Ballen schwarz. Schwarze Zeichnungen auf den Hinterbeinen, die sich (im Erwachsenenalter) von den Fußsohlen aus an der Rückseite des Beines bis zum Sprunggelenk hinauf erstrecken.
Fehler: Eine Spur von Braun auf Nase und Pfoten. Blasse, scheckige oder ungleichmäßige Grundfarbe.
Titel und Erste Plätze einzubehalten bei:

1. Unkorrekten oder scheckigen Zeichnungen;
2. Weißer Farbe, an welcher Stelle auch immer:
3. Unkorrekter Augenfarbe.

Red Tabby

Farb-Nr. 19
Grundfarbe: Rot in allen Bereichen, einschließlich Kinn und Lippen.
Zeichnungen: Tiefes, sattes Rot.
Augenfarbe: Tief orange- oder kupferfarben.
Nasenspiegel: Ziegelrot.
Ballen und Pfoten: Ballen rot. Rote Zeichnungen auf den Hinterbeinen, die sich (im Erwachsenenalter) von den Fußsohlen aus an der Rückseite des Beines bis zum Sprunggelenk hinauf erstrecken.
Fehler: Blasse, scheckige oder ungleichmäßige Grundfarbe.
Titel und Erste Plätze einzubehalten bei:

1. Unkorrekten oder scheckigen Zeichnungen;
2. Weißer Farbe, an welcher Stelle auch immer;
3. Unkorrekter Augenfarbe oder Rändern bzw. Flecken einer Kontrastfarbe (bei erwachsenen Katzen).

Brown Tabby

Farb-Nr. 20
Grundfarbe: Sattes Kupferbraun in allen Bereichen, einschließlich Kinn und Lippen.
Zeichnungen: Dichtes Schwarz.
Augenfarbe: Kupfer-, orange- oder tief goldfarben.
Nasenspiegel: Ziegelrot bevorzugt, obgleich Schwarz zulässig ist.
Ballen und Pfoten: Ballen schwarz. Schwarze Zeichnungen auf den Hinterbeinen, die sich (im Erwachsenenalter) von den Fußsohlen aus an der Rückseite des Beines bis zum Sprunggelenk hinauf erstrecken.
Fehler: Blasse, scheckige oder ungleichmäßige Grundfarbe.
Titel und Erste Plätze einzubehalten bei:

1. Unkorrekten oder scheckigen Zeichnungen;
2. Weißer Farbe, an welcher Stelle auch immer;
3. Unkorrekter Augenfarbe oder Rändern bzw. Flecken einer Kontrastfarbe (bei erwachsenen Katzen).

Blue Tabby

Farb-Nr. 20 a

Fellfarbe: Bläulich beige Grundfarbe mit sehr tief blauen Zeichnungen, die einen guten Kontrast zur Grundfarbe bilden.

Augenfarbe: Kupfer-, orangefarben oder tief gelb, ohne eine Spur von Grün.

Nasenspiegel und Pfotenballen: Blau oder Rosa.

Fehler: Scheckiges Haar in der Grundfarbe oder den Zeichnungen.

Schildpatt

Farb-Nr. 21/21 a

Fellfarbe: Eine Mischung aus Schwarz (Blau), sattem Rot und blassem Rot, gleichmäßig vermischt, beide Farben auf der ganzen Katze klar gegeneinander abgesetzt, jedoch ohne augenfällige Flecken einer dieser Farben, mit Ausnahme einer kurzen, schmalen Blesse auf dem Gesicht, die zulässig ist.

Augenfarbe: Kupfer-, orangefarben oder tief gelb, ohne eine Spur von Grün.

Nasenspiegel und Pfotenballen: Rosa und/oder Schwarz, Blau.

Fehler: Unausgewogenheit der Farbe, Farbe der Pfoten nicht unterbrochen, Scheckung, Tabbyzeichnungen.

Titel und Erste Plätze einzubehalten bei:

1. Unkorrekten oder scheckigen Zeichnungen;
2. Weißer Farbe, an welcher Stelle auch immer;
3. Unkorrekter Augenfarbe oder Rändern bzw. Flecken einer Kontrastfarbe (bei erwachsenen Katzen).

Chocolate Tortie

Farb-Nr. 21 b

Fellfarbe: Eine Mischung aus Chocolate und sattem Rot, gleichmäßig ausgewogen; beide Farben bedecken klar abgegrenzt die gesamte Katze, nirgendwo ein Anzeichen von Weiß.

Augenfarbe: Kupfer-, orangefarben oder tief gelb, ohne eine Spur von Grün.

Nasenspiegel und Pfotenballen: Chocolate und/oder Rosa.

Fehler: Tabbyzeichnungen (bei erwachsenen Katzen). Farbe auf den Beinen ungebrochen.

Lilac Tortie (Lilac-Creme)

Farb-Nr. 21 c

Fellfarbe: Eine Mischung aus Lilac und Creme, gleichmäßig ausgewogen; beide Farben bedecken klar abgegrenzt die gesamte Katze. Nirgendwo ein Anzeichen vonNasenspiegel und Pfotenballen: Lilac und/ oder Rosa.

Fehler: Tabbyzeichnungen (bei erwachsenen Katzen). Farbe auf den Beinen ungebrochen.

Schildpatt weiß

Farb-Nr. 22

Fellfarbe: Flecken von Schwarz, Rot und Weiß. Die Farben sollten klar und deutlich gegeneinander abgesetzt sein; dichtes Schwarz, sattes Rot und blasses Rot ohne Tabbyzeichnungen. Wenigstens ein Drittel und nicht mehr als die Hälfte des Fells müssen weiß sein, mit Farbflecken auf Oberkopf, Ohren, Wangen, Rücken, Schwanz, Beinen und Flanken. Eine Blesse ist erwünscht.

Augenfarbe: Tief orange- oder kupferfarben.

Nasenspiegel und Pfotenballen: Rosa und/oder Schwarz.

Fehler: Tabbyzeichnungen, Scheckung oder weiße Haare in den Farbflecken, unkorrektes Verhältnis der einzelnen Farben zueinander.

Titel und Erste Plätze einzuhalten bei:

1. Überwiegen der weißen Farbe;
2. Unkorrekter Augenfarbe oder Rändern bzw. Flecken einer Kontrastfarbe (bei erwachsenen Katzen).

Blauschildpatt weiß

Farb-Nr. 22 a
Fellfarbe: Flecken von hellem bis mittlerem Blau, blaß getöntem Creme und Weiß. Die Farbflecken sollten klar und deutlich abgegrenzt sein, ohne Tabbyzeichnungen. Wenigstens ein Drittel und nicht mehr als die Hälfte des Fells muß weiß sein, mit Farbflecken auf dem Oberkopf, den Ohren und Wangen, dem Rücken, dem Schwanz, den Beinen und Flanken. Eine Blesse ist erwünscht.
Augenfarbe: Kupfer-, orangefarben oder tief goldfarben.
Nasenspiegel und Pfotenballen: Blau und/oder Rosa.
Fehler: Tabbyzeichnungen, scheckiges Haar, Farbe auf den Pfoten ungebrochen. Mangelnde Ausgewogenheit der Farbe. Weiß darf niemals überwiegen; das Gegenteil ist vorzuziehen.

Blaucreme

Farb-Nr. 28
Fellfarbe: Eine Mischung aus Mittelblau und blassem Creme, gleichmäßig vermischt; beide Farben auf dem ganzen Körper klar gegeneinander abgesetzt, jedoch ohne augenfällige Flecken einer dieser Farben, mit Ausnahme einer kurzen, schmalen Blesse auf dem Gesicht, die zulässig ist.
Augenfarbe: Kupfer-, orange- oder tief goldfarben.
Nasenspiegel und Pfotenballen: Rosa und/oder Blau.
Fehler: Unausgewogenheit der Farbe, Farbe der Pfoten nicht unterbrochen, Scheckung. Tabbyzeichnungen und silbernes Tipping sind nur bei Jungkatzen zulässig.
Titel und Erste Plätze einzubehalten bei:

1. Nicht einwandfreiem Fell;
2. Weißer Farbe, an welcher Stelle auch immer;
3. Unkorrekter Augenfarbe oder Rändern bzw. Flecken einer Kontrastfarbe (bei erwachsenen Katzen).

Spotted (Getupft)

Farb-Nr. 30

Fellfarbe: Das Tupfenmuster hat jegliche Farbe, die bei den Europäisch Kurzhaar-Rassen anerkannt ist, mit dazu passender Grundfarbe.

Augenfarbe: SilberneKatzen mit schwarzen Tupfen – grün oder haselnußfarben. Braune Katzen mit schwarzen Tupfen – kupfer-, orange- oder tief goldfarben. Alle anderen Farben – tief orange- oder kupferfarben.

Nasenspiegel und Pfotenballen: Entsprechend der Fellfarbe.

Fehler: Unkorrekte, scheckige oder ungleichmäßige Grundfarbe.

Fehler im Muster: Einheitlich schwarze Farbzonen, miteinander verbundene Tupfen, Balken.

Titel und Erste Plätze einzubehalten bei:

1. Schwerwiegenden Fehlern im Muster;
2. Weißer Farbe, an welcher Stelle auch immer;
3. Unkorrekter Augenfarbe oder Rändern bzw. Flecken einer Kontrastfarbe (bei erwachsenen Katzen).

Zweifarbig

Farb-Nr. 31

Fellfarbe: Einfarbige Flecken in allen Farben, die bei den Europäisch Kurzhaar-Rassen anerkannt sind, und Weiß. Vorzugsweise ein Drittel und nicht mehr als die Hälfte des Fells müssen weiß sein, Symmetrie der Zeichnung ist erwünscht, vorzugsweise mit Farbflecken auf dem Oberkopf, Ohren, Wangen, Rücken, Schwanz, Beinen und Flanken.

Augenfarbe: Kupfer-, orange- oder tief goldfarben.

Nasenspiegel und Pfotenballen: Rosa und/oder in einer mit den Flecken übereinstimmenden Farbe.

Fehler: Tabbyzeichnungen, Scheckung oder Weiß in den Farbflecken, sowie unkorrektes Verhältnis der weißen zu der anderen Farbe.

Titel und Erste Plätze einzubehalten bei:

1. Unkorrektem Verhältnis der Farben zueinander;
2. Unkorrekter Augenfarbe oder Rändern bzw. Flecken einer Kontrastfarbe (bei erwachsenen Katzen).

Smoke

Farb-Nr. 36

Fellfarbe: Jegliche Farbe, der anerkannten Europäisch Kurzhaar-Rassen. Unterfell silbern mit einem Höchstmaß an Kontrast. Keine Tabbyzeichnungen bei erwachsenen Tieren; bei Jungkatzen hingegen sollte dies nicht zu negativ bewertet werden.

Augenfarbe: Kupfer-, orange- oder tief goldfarben.

Nasenspiegel und Pfotenballen: Übereinstimmend mit der Fellfarbe.

Fehler: Tabbyzeichnungen, weiße oder silberne Deckhaare, unzureichender Kontrast.

Titel und Erste Plätze einzubehalten bei:

1. Tabbyzeichnungen bei erwachsenen Katzen;
2. Unkorrekter Augenfarbe oder Rändern bzw. Flecken einer Kontrastfarbe (bei erwachsenen Katzen).

Tipped

Farb-Nr. 39

Fellfarbe: Tipping in jeglicher Farbe, die bei den Europäisch Kurzhaar-Rassen anerkannt ist, einschließlich Chocolate und Lilac. Das Unterfell muß so weiß wie möglich sein. Das Fell auf Rücken, Flanken, Kopf, Ohren und Schwanz muß farbig getippt sein. Dieses Tipping sollte gleichmäßig verteilt sein, um einen glitzernden Effekt zu bewirken; mehr als das Ausmaß des Tipping ist dessen gleichmäßige Verteilung von Bedeutung. Stark getippte Katzen brauchen nicht negativ bewertet zu werden, solange das Tipping gleichmäßig und ohne Tabbyzeichnungen ist; sie sind solchen Katzen vorzuziehen, die so wenig Tipping aufweisen, daß sie fast weiß sind. Die Beine können ganz geringfügig mit Tipping schattiert sein, doch Kinn, Bauch, Brust und Schwanzunterseite müssen so weiß wie möglich sein.

Augenfarbe: Katzen mit schwarzem Tipping – grün; alle anderen Farben – kupfer-, orange- oder tief goldfarben.

Nasenspiegel und Pfotenballen: Die Farbe muß mit der Fellfarbe übereinstimmen.

Fehler: Tabbyzeichnungen mit Ausnahme von Geisterringzeichnungen auf dem Schwanz; doch sollte dies bei einer ansonsten guten Katze nicht negativ bewertet werden.

Titel und Erste Plätze einzubehalten bei:

1. Tabbyzeichnungen;
2. Unkorrekter Augenfarbe oder Rändern bzw. Flecken einer Kontrastfarbe (bei erwachsenen Katzen).

Colourpoint Europäisch Kurzhaar

Farb-Nr. 40

Seal	40.1
Blau	40.2
Chocolate	40.3
Lilac	40.4
Rot	40.5
Seal Tortie	40.6
Creme	40.7
Blaucreme	40.8
Chocolate Tortie	40.9
Lilac Creme	40.10
Seal Tabby	40.11
Blau Tabby	40.12
Chocolate Tabby	40.13
Lilac Tabby	40.14
Rot Tabby	40.15
Seal Tortie Tabby	40.16
Creme Tabby	40.17
Blau Creme Tabby	40.18
Chocolate Tortie Tabby	40.19
Lilac Creme Tabby	40.20

Körperfarbe: Helles Creme/Elfenbein bis Weiß, ebenmäßig, jegliche Schattierung zart, eindeutiger Kontrast zu den Abzeichen.

Farbe der Abzeichen: Jegliche anerkannte Farbe von Langhaar Colourpoint. Maske, Ohren, Beine und Schwanz in dichter, klar abgrenzender Farbe, auf allen Abzeichen übereinstimmend.

Augenfarbe: Klares Blau, tiefere Töne bevorzugt.

Nasenspiegel und Pfotenballen: Passend zur Farbe der Abzeichen.

Fehler: Übermäßig langes, weiches oder locker-duftiges Fell.

Krankheiten verhüten und meistern

Der bekannte Ausspruch von den sieben Leben einer Katze ist wohl stark übertrieben, denn Katzen gelten zwar als robust und zäh, aber sie erkranken genauso und sterben wie alle anderen Geschöpfe. Sie landen zwar beim Sturz auf ihren Füßen, doch sie können sich dabei schlimmste bis tödliche Verletzungen zuziehen.

Durch planvolle Gesundheitsvorsorge können bei Katzen manche Leiden vermieden oder im Anfangsstadium erkannt und rechtzeitig behandelt werden. Man sollte über das Thema Katzenkrankheiten wenigstens soweit informiert sein, daß eventuelle Veränderungen der Katze bemerkt werden. Je nach Schweregrad einer Veränderung muß umgehend ein Tierarzt zu Rate gezogen werden.

Machen Sie mit Ihrer Katze einen Tierarztbesuch, können sich in Verbindung mit Angst und Aufregung leicht einige Untersuchungswerte verändern. So steigt in der Regel die Pulszahl erheblich an, und auch die Körpertemperatur ist häufig erhöht.

Es wäre hilfreich, wenn der kleine Patient schon vorab zu Hause die Temperatur gemessen bekäme. Sie benötigen ein leicht eingefettetes Säuglingsthermometer und führen dies mit leichten Drehbewegungen in den After der Katze ein. Thermometer mit Digitalanzeige haben den Vorteil, daß die gesamte Prozedur auf ein Minimum an Wartezeit reduziert wird. Haben Sie ein gutes Vertrauensverhältnis zu Ihrer Mieze, geht das Fiebermessen ohne allzu große Aufregung des Tieres vor sich.

Hier die normalen Werte einer Katze:

Körpertemperatur	38,0 °C – 39,0 °C
bei Jungtieren	bis 39,5 °C
Pulsfrequenz	110–150

Vorsorgen ist besser als heilen

Parasiten

Katzenkinder sind vielfach von Parasiten befallen, die ihnen das Leben schwer machen. Sie sind nicht nur lästig, sondern manchmal auch bedrohlich, da sie Krankheiten übertragen können.

Äußere Parasiten (Ektoparasiten)

Die Haut und auch der äußere Gehörgang sind für manche Störenfriede der geeignete Aufenthaltsort, da sie durch Graben, Stechen oder Beißen an die lebensnotwendige Nahrung wie Blut- oder Hautzellen gelangen. Zu den häufigsten Parasiten zählen Flöhe, Zecken und Milben. Sie schmarotzen auf unseren Tieren und ärgern sie durch auftretenden Juckreiz, Hautentzündungen (Räude, Flohallergie) und Krustenbildung. Vor allem können sie Krankheitserreger (Borrelien durch Zecken) oder innere Parasiten (Bandwürmer durch Flöhe) übertragen. Daher ist es angezeigt, nicht nur Katzenwelpen auf äußere Parasiten untersuchen zu lassen, sondern auch ältere Tiere zu beobachten, ob sie sich oft kratzen.

Innere Parasiten (Endoparasiten)

Spulwürmer: Bei den inneren Parasiten sind es vor allem die Würmer, am häufigsten die Spulwürmer, die den Katzen zu schaffen machen. Katzenwelpen können sich über die Muttermilch während der Säugeperiode infizieren. Bei starkem Spulwurmbefall kommt es zu Entwicklungsstörungen, Blutarmut, Husten und Durchfall. Auch auf Menschen können beim Spielen mit verwurmten Tieren die Parasiten übertragen werden. Um dem vorzubeugen, sollten Katzenkinder mit einem Arzneimittel gegen Wurmbefall entwurmt werden (mehrfach ab der dritten Lebenswoche). Später sind regelmäßige Entwurmungen in sechsmonatlichen bis jährlichen Abständen ausreichend. Katzen, die regelmäßig Mäuse fangen, sollten häufiger (etwa alle drei Monate) entwurmt werden.

Bandwürmer: Es gibt verschiedene Bandwurmarten, die sich im Dünndarm der Katze ansiedeln können. Gemeinsam ist ihnen die Eigenschaft, daß sie alle einen „Zwischenwirt" für ihre Entwicklung brauchen, der dann vom „Endwirt", also der Katze, verzehrt wird. Einige von ihnen sind für den Menschen ausgesprochen gefährlich, da auch er Zwischenwirt sein kann. Die Bandwurmeier, die von den Katzen ausgeschieden werden, bleiben häufig am Fell haften und können durch intensives Schmusen oder Streicheln über Mund oder Nase in den Körper des Menschen gelangen. Die Weiterentwicklung des Bandwurmes im menschlichen Körper kann lebensbedrohend sein. Zu den gefährlichen Vertretern gehört der Fuchsbandwurm. Wie der Name schon sagt, kommt er hauptsächlich beim Fuchs vor. Aber auch Katzen können sich anstecken, wenn sie in einem verseuchten Gebiet infizierte Mäuse fressen.

Am häufigsten kommt jedoch der sogenannte kürbiskernartige Bandwurm vor. Seinen Namen verdankt er den Bandwurmgliedern, die wie vertrocknete Kürbiskerne (auch reiskornartig) aussehen. Sie gelangen entweder mit dem Kot ins Freie oder wandern aktiv aus dem After aus und sind dann oftmals auf dem Liegeplatz des Tieres zu sehen. Dieser Bandwurm benötigt den Floh als Zwischenwirt. Erst nach der Weiterentwicklung im Floh werden die Bandwurmeier für Katzen infektiös. Durch das Zerbeißen der Flöhe gelangt der Bandwurm in den Körper des Vierbeiners. Die Vorbeugung beginnt also schon bei der Flohbekämpfung.

Wenn Katzen stark mit dem kürbiskernartigen Bandwurm befallen sind, magern sie ab, leiden an Bauchschmerzen, Durchfall, Entwicklungsstörungen. Auffällig ist oft, daß sie mit dem Hinterteil über den Boden rutschen, weil die Bandwurmglieder beim Auswandern aus dem After heftigen Juckreiz auslösen.

Bei Verdacht auf Bandwurmbefall sollte die Katze umgehend in die Tierarztpraxis gebracht werden, damit sie mit entsprechenden Arzneimitteln entwurmt wird.

Infektionskrankheiten

Infektion bedeutet, daß Krankheitserreger in den menschlichen oder tierischen Organismus gelangt sind. Diese Erreger können Viren, Pilze oder Bakterien sein, die ernste – oftmals nur schwer oder überhaupt nicht zu heilende – Erkrankungen hervorrufen können. So ist eine Behandlung bei Viruserkrankungen besonders problematisch, weil Viren gegenüber vielen Medikamenten, einschließlich Antibiotika, unempfindlich sind.

Feline Infektiöse Peritonitis (FIP)

Die Feline Infektiöse Peritonitis (Infektiöse Bauchfellentzündung) – bekannt unter der Kurzbezeichnung FIP – ist eine komplexe, allmählich zum Tode führende Viruserkrankung bei der Katze. Verursacher ist ein Virus, der zur Gruppe der Corona-Viren gehört. FIP ist überaus gefährlich und wird durch den Kontakt mit infizierten Artgenossen bzw. indirekt über Futternäpfe und Kot übertragen. Nach der Ansteckung kann sich der Erreger – und das ist einer seiner heimtückischsten Aspekte – das von ihm in Gang gesetzte Immunsystem zunutze machen, um sich im ganzen Körper der Katze auszubreiten. FIP wurde bei Katzen erstmals in den 60er Jahren festgestellt. Neueren pathologischen Untersuchungen zufolge ist die FIP für jeden achten Todesfall bei Katzen verantwortlich.

Zu den anfänglichen Symptomen der FIP zählen chronisches Fieber, Appetitlosigkeit und Gewichtsverlust. Bei typischen Krankheitsverläufen kommt es zu ausgeprägten Bauchhöhlenergüssen und/oder Flüssigkeitsansammlungen in der Brusthöhle. Bei weniger charakteristischen Formen können auch lebenswichtige Organe wie Leber, Nieren, Augen, Herz und Gehirn betroffen werden. Erkrankt eine anfällige Katze an FIP, so endet die Krankheit praktisch immer tödlich. Manche Arzneimittel bewirken leichte Linderung der Symptome, doch bisher gibt es keine wirksame Behandlung oder Heilung für einmal infizierte Tiere. Oft läßt sich ein Zusammenhang des Welpensterbens mit FIP vermuten. Das Unglück solch einer heimtückischen Infektionskrankheit kann jeden Katzenhalter treffen, doch es gibt einige vorbeugende Maßnahmen, die Sie befolgen sollten:

– Halten Sie die Katzentoilette peinlich sauber!
– Sorgen Sie für möglichst streßfreie Haltung Ihrer Katzen!
– Lassen Sie Ihre Tiere auf das FIP-Virus testen und gegebenenfalls impfen! Bei geplanter Paarung fordern Sie auch vom Besitzer des Katers einen FIP- Testnachweis!

Der FIP-Test ist leider immer noch nicht sehr genau. Er ist aber momentan die einzige Möglichkeit, um Antikörper gegen einen bestimmten Virusstamm nachzuweisen. Der Test ist lediglich in der Lage, den Gehalt (Titerwert) von Antikörpern gegen Coronaviren festzustellen. Dabei muß es sich jedoch nicht unbedingt um das gefürchtete FIP-Virus handeln, sondern es können auch andere Virusarten, wie sie z. B. bei Darmerkrankungen vorkommen, sein.

Prof. Dr. Reinacher (jetzt Universitätsklinik Leipzig) untersuchte 1992/93 im Institut für Veterinär-Pathologie der Justus-Liebig-Universität in Gießen im Rahmen einer Doktorarbeit die Aussagekraft eines neuen FIP-Antigen-Tests am lebenden Tier. Fragen Sie Ihren Tierarzt danach.

Es gibt kaum eine Katze, die den Titerwert 1:0 vorweisen kann. 1:25 gilt als negativ, wobei es keine Seltenheit ist, bei Haltung mehrerer Tiere den Wert 1:100, der durchaus noch im Normalbereich liegt, zu finden. Höhere Werte ab etwa 1:400 findet man oft in größeren Gemeinschaften. Die Tiere können kerngesund sein. Mit Werten ab 1:400 bei kränkelnden Tieren können wir zwar nicht sicher sein, ein FIP-infiziertes Tier zu besitzen, aber hier besteht die Möglichkeit, daß es sich um diese gefürchtete Krankheit handelt. In diesem Falle würde ich den Test nach zwei Monaten wiederholen. Bleibt das Ergebnis unverändert, sollte mit dieser Katze nicht gezüchtet werden. Erfreut sich solch eine Katze bester Gesundheit, dann lassen Sie sich bitte nicht dazu überreden, Ihr Tier einschläfern zu lassen! Leider sind manche Tierärzte damit immer noch allzu schnell bei der Hand. Eine Katze kann auch mit stark erhöhtem Titerwert ein hohes Alter erreichen. Leider muß sie sich für den Rest ihres Lebens an ein Einzeldasein gewöhnen. Aufgrund möglicher Ansteckungsgefahr sollte ihr keine Zweitkatze zugesellt werden, es sei denn, die andere Katze hat ebenfalls einen stark erhöhten Titerwert.

Mittlerweile gibt es eine Impfung auf dem deutschen Markt, die in Form von Nasentropfen verabreicht wird. Wirksam schützen kann diese Impfung jedoch nur, wenn die Katze nie zuvor mit dem FIP-Virus konfrontiert wurde. Im Augenblick ist man sich über das Für und Wider und die Wirksamkeit dieser Impfung noch nicht ganz einig, doch ich kenne viele Züchter, die alle ihre Katzen schon durchimpfen ließen. Wenn die FIP-Impfung hält, was sie verspricht, wäre dies ein Segen für die gesamte Katzenwelt. Erkundigen Sie sich bei Ihrem Tierarzt.

(Schutzimpfung siehe Immunisierungsmaßnahmen)

Katzenleukose

Die Katzenleukose, hervorgerufen durch das Katzenleukämievirus, abgekürzt FeLV, sorgt auch heute noch für eine hohe Sterberate. Diese Infektionskrankheit kommt weltweit vor und betrifft Katzen jeden Alters. Von der Ansteckung bis zur Erkrankung können Jahre vergehen. Während dieser Zeit wird der Erreger millionenfach mit dem Speichel ausgeschieden. Das Besorgniserregende daran ist, daß nicht nur kranke, sondern auch vollkommen gesund erscheinende Katzen das Virus übertragen.

Katzenleukose kann mit unterschiedlichen Krankheitsanzeichen einhergehen. Beginnend mit Teilnahmslosigkeit, Fieber, plötzlicher Abmagerung, blassen Schleimhäuten, Zahnfleischentzündungen bis hin zu bösartigen Geschwulsten in Brustkorb oder Bauchraum. Hinzu kommt die Schwächung der Abwehrkräfte durch das Virus.

Betroffene Katzen sind den verschiedensten Krankheitserregern schutzlos ausgeliefert. Somit ist Leukose auch die Grundlage für viele andere, oft tödlich verlaufende Infektionskrankheiten. Viele dieser „Folgekrankheiten" tarnen die eigentliche Ursache. Dadurch kann die Diagnose manchmal erschwert werden. Deshalb ist jede sich über längere Zeit hinziehende oder immer wiederkehrende Gesundheitsstörung leukoseverdächtig. Die Katze sollte umgehend einem Leukosetest unterzogen werden, um Gewißheit zu erlangen. Für Leukoseuntersuchungen stehen heute verschiedene Testverfahren zur Verfügung. Der sogenannte klassische ELISA-Test hat den Vorteil höchster Genauigkeit. Für die Untersuchung entnimmt der Tierarzt der Katze einige Tropfen Blut. Das Ergebnis können Sie bereits nach wenigen Minuten erfahren. Der Speicheltest mit speziellem Tupfer benötigt zwar keine Blutentnahme, kann aber nur die Ausscheidung von FeLV über den Speichel nachweisen.

Ein positiver ELISA-Test besagt, daß sich am Tag der Untersuchung im Körper der Katze Leukoseviren vermehren. Gesunde, im Bluttest positive Katzen, können diese Infektion überwinden und wieder negativ werden. Darum sollte ein einmalig positiver Test nach etwa sechs bis zehn Wochen zur Sicherheit wiederholt werden. Bis dahin sollten auf jeden Fall Katzen mit Verdacht auf Leukose von solchen mit negativen Testergebnissen getrennt gehalten werden. Die sicherste Methode, diese gefürchtete Krankheit zu verhindern, ist die Schutzimpfung (siehe Immunisierungsmaßnahmen).

Katzenschnupfen

Katzenschnupfen ist auch heute noch eine gefürchtete Viruserkrankung. Vor allem bei Jungtieren kann er binnen kürzester Zeit zum Tod führen. Frau Röll-Becker hat sich eingehend mit diesem leidigen Thema befaßt:

Der Katzenschnupfen bereitet nicht nur den betroffenen Züchtern viel Ärgernis, oft auch den Käufern. Wie viele von uns haben es schon erlebt. Man bekommt den lang ersehnten Nachwuchs, der wächst und gedeiht. Richtige Wonneproppen sind sie, unsere Kleinen. Dann zwischen der 4. und 7. Lebenswoche fangen sie an zu niesen, die Augen tränen und kurze Zeit später werden aus den Wonneproppen bedauernswerte Geschöpfe, bei deren Anblick einem die Tränen kommen.

Wenn der betroffene Züchter glaubt, von diesem Unheil endlich befreit zu sein und erleichtert aufatmet, dann schlägt es nach einer Ruhepause wieder zu, und alles beginnt von vorne. Die Schnupfen-Virusinfektion spielt auch heute noch in Katzenzuchten, Pensionen und Tierheimen eine große Rolle. Die Übertragung der Erreger (die Ansteckung) erfolgt sehr schnell. Der Anteil tödlich verlaufender Infektionen ist jedoch trotz des auffälligen und teilweise schweren Krankheitsbildes heute meist gering, und es ist möglich, den Katzenschnupfen endgültig aus einer Zucht zu eliminieren. Klinisches Bild: Schnupfen ist eine Erkrankung des Atmungstraktes. Wie der Name schon andeutet, ist Niesen das erste sicht- und hörbare Anzeichen und begünstigt eine rasche Ausbreitung. Im Anfangsstadium sind Allgemeinbefinden und Appetit kaum beeinträchtigt. Mit zunehmendem wässrigdünnen, später schleimigen Nasenausfluß werden die Tiere matter und Fieber mit ca.

40 °C kommt hinzu. Schon in der Anfangsphase zeigen sich Entzündungen der Schleimhäute an Mund, Nase und Augenbindehäuten. Die Augen sind später stark gerötet und geschwollen. Dann ändert sich das Bild. Der Katarrh wird zunehmend zähflüssig und eitrig. Die Nasenlöcher sind verkrustet, die Augenlider geschlossen und eitrig verklebt. Der Höhepunkt der Erkrankung wird meist am 5. Tag erreicht. Die Patienten atmen nur noch durch den Mund und verweigern jegliche Nahrungs- und Flüssigkeitsaufnahme. Oft können die Symptome drei Wochen und länger anhalten. Die Tiere magern ab und trocknen aus. Entzündungen der oberen Atemwege, der Luftröhre, der Bronchien und sogar der Lunge sind weitere Folgen. Ebenso tritt eine Schädigung der Mundschleimhaut auf, und es bilden sich Bläschen und Wundflächen auf der Zunge. Geschwürige Defekte zeigen sich bisweilen auch auf der Hornhaut (Cornea) des Auges. Der Schnupfen ist keine Bagatellerkrankung. Sein Verlauf bis zur vollständigen Genesung dauert zwei bis drei Wochen, unter Umständen aber auch viel länger. Gefährlich sind vor allem die sogenannten Sekundärinfektionen (bakterielle Besiedlungen der geschädigten Schleimhäute). Hartnäckige Folgeerkrankungen wie Husten und Entzündungen der Stirnhöhlen sowie der Luftröhre können sich einstellen und monatelang andauern. Hervorgerufen wird der Katzenschnupfen durch unterschiedliche Viren. Zwei Hauptvirusgruppen sind dafür verantwortlich:

Herpesviren kommen beim Menschen vor – Fieberbläschen am Mund, Gürtelrose, Windpocken – wie auch bei allen Wirbeltierarten. Sie sind sehr labil gegenüber Einflüssen aus der Umwelt. Bei feuchtem Wetter ist das Herpesvirus nach einem Tag nicht mehr infektiös, unter trockenen Bedingungen genügen schon zwölf Stunden, um es zu inaktivieren. Hitze und gebräuchliche Desinfektionsmittel schädigen es schnell und sind sehr wirksam. Eine chronisch kranke Katze ist in fieberfreien Phasen nicht infektiös. Eintrittspforten des Virus sind Nase, Mund und Augen. Es vermehrt sich anfänglich in den Zellen der Schleimhäute und erreicht dann Gaumen, Rachenmandeln und Luftröhre. Während des Krankheitsverlaufes werden große Mengen hochinfektiöser Viren mit den Sekreten ausgeschieden. Genesende Tiere sind zwar anfangs immun, bleiben es aber nicht lange. Schon nach kurzer Zeit können sie erneut erkranken.

Caliciviren gibt es heute bereits in einer großen Variantenvielfalt und als Folge der Virusevolution (das Virus mutiert ständig) sind neue

Varianten zu erwarten. Die Schutzimpfung kann sich somit als wirkungslos erweisen. Alle Impfstoffe müßten deshalb entsprechend der Entwicklung der Erreger aktualisiert werden. Dies erklärt, warum auch geimpfte Tiere erkranken. Caliciviren werden im Gegensatz zum Herpes nicht nur durch die Schleimhäute ausgeschieden, sondern auch durch Kot und Urin. Sie sind ebenfalls empfindlich gegenüber Umwelteinflüssen, jedoch stabiler als das Herpesvirus. Das Calicivirus hält sich in trockener Atmosphäre acht Tage, in feuchter zehn Tage lang. Alle gängigen Desinfektionsmittel können zur Zerstörung angewendet werden. Beide Virusarten sind recht labil, wenn sie sich außerhalb der Katze befinden, doch sie benutzen zwei Wege, um ihren Fortbestand in der Katzenwelt zu sichern:

a) die Infektion von Katze zu Katze
b) genesene Tiere, die Virusausscheider sind.

Der zweite Weg ist der gefährlichere von beiden. Eine Katze, die nach sichtbarer Gesundung weiterhin Viren ausscheidet, nennt man Virusträger oder Dauerausscheider. Das Virus zieht sich in verschiedene Nervenzellen zurück und verbleibt dort während des gesamten Lebens. Die Ausscheidung tritt nicht fortwährend, sondern in Schüben auf. Diese Schübe erfolgen ohne ersichtlichen Grund, können aber auch Antwort auf bestimmte Streßfaktoren – Schwangerschaft, Geburt, Ausstellung, Transport etc. – sein. Während dieser Ausscheidungsphase ist das Trägertier hochinfektiös und eine ständige Gefahr. Die Virusausscheidung beginnt vier bis zehn Tage nach dem Streßzeitpunkt, dauert etwa eine Woche und wird begleitet von milden Symptomen. Für den Züchter bedeutet dies, daß Tiere mit regelmäßig wiederkehrendem Schnupfen als Träger erkannt und vom Zuchtbestand ausgeschlossen werden können. Es gehört wenig Phantasie dazu, sich auszumalen, was einer virusfreien Katzenzucht passieren kann, die ein solches „Virusmutterschiff" erwirbt.

Behandlung des Schnupfens

Zuerst einmal sollten alle Tiere eine Impfung bekommen, diese schützt gegen eine Vielzahl von Virentypen, aber leider nicht gegen alle.

So kommt es immer wieder zu Impfdurchbrüchen und Erkrankungen bereits geimpfter Tiere. Aber ein „kleiner" Schutz ist besser als gar keiner! Antibiotika, die wirksamste Waffe im Kampf gegen bakterielle Infektionen, sind bei Viren wirkungslos und haben keinen Einfluß ihre Vermehrung. Es ist jedoch erforderlich, Antibiotika einzusetzen, um die Bakterienbesiedelung (bakterielle Sekundärinfektionen) auf den durch Viren geschädigten Schleimhäuten zu verhindern bzw. einzudämmen.

Zu den folgenden Therapievorschlägen muß vorweg gesagt werden: Es ist in jedem Falle unumgänglich, einen Tierarzt aufzusuchen. Diese Behandlung ist kein Allheilmittel, sondern ein Vorschlag, der nur Hand in Hand mit dem Tierarzt zu guten Erfolgen führt. Also bitte nicht alleine therapieren!

Zuerst einmal sollten in einem gefährdeten Bestand jegliche Streßsituationen vermieden werden. Dies ist natürlich nicht immer möglich. Wenn Katzen, insbesondere Jungtiere erkranken, so empfiehlt sich folgendes:

- In der Anfangsphase sowie während der gesamten Krankheitsdauer sollte man das Eigenabwehrsystem der Katze so gut wie möglich stärken. Sehr gut bewährt hat sich Echinacea comp. Ampullen (Heel) – Kitten 0,5 ml tägl. subcutan, erwachsene Katzen 1 ml pro Tag. Ausgetauscht werden kann dieses durch Duphapind, besser noch Baypamun KH bei gleicher Dosierung (diese sind jedoch erheblich teurer).
- Um die bakteriellen Sekundärinfektionen einzudämmen, sind Antibiotika erforderlich. Am besten gibt man ein Breitspektrumantibiotikum (Penicillin-Streptomycin-Kombination mit Langzeitwirkung), welches nur jeden dritten Tag gespritzt werden muß.
- Zusätzlich gibt man täglich Euphorbium comp. (Heel, erhältlich in Ampullen und Tropfen), ein bewährtes homöopathisches Mittel; es vermindert die Eiterungsbereitschaft und hat eine positive Wirkung auf Schleimhäute und Nebenhöhlen.- Kitten täglich 0,5 ml subcutan oder alle zwei Stunden 2 Tropfen, bei Besserung kann auf 3×tägl. 3 Tropfen übergegangen werden. Erwachsene Katzen tägl. 1 ml subcutan oder anfangs stündl. 5 Tropfen, später 3×tägl. 5 Tropfen.
- Eventuell träufelt man antibiotische Augentropfen oder homöopathische Nasentropfen in die Nase.

- Die Augeninfektion behandelt man mit Augensalben, die Sie beim Tierarzt erhalten. Es dürfen keine cortisonhaltigen Augensalben verwendet werden, da mit einer Schädigung der Hornhaut durch das Virus zu rechnen ist und Cortison bei Hornhautschäden absolut kontraindiziert ist. Ansonsten kann es zu schweren Schäden, Hornhautgeschwüren bis hin zum Verlust des Auges kommen.
- Sie müssen darauf achten, daß den Tieren genügend Flüssigkeit zugeführt wird. Geeignet ist Amynin – eine Traubenzucker/Vitamin/Elektrolytlösung. Im Notfall kann auch auf andere Elektrolyte, z. B. Ringerlösung (physiologische Kochsalzlösung) ausgewichen werden. Diese werden vorzugsweise unter die Haut injiziert, täglich möglichst auf zwei bis drei Dosen verteilt.

Die Bläschen und geschwürigen Veränderungen auf der Zunge betupft man mit einer verdünnten (1:4) Albothyllösung (beim Tierarzt erhältlich), indem man ein getränktes Wattestäbchen auf die Zunge drückt. Die Veränderungen zeigen sich sofort weißlich, und die geschädigten Zellen werden abgestoßen.

Da die Medikamente am wirkungsvollsten sind, wenn sie unter die Haut (subcutan) gespritzt werden, sollte dies der Tierarzt machen. Da es natürlich für viele nicht möglich ist, diesen mehrmals täglich zu konsultieren, kann zum Teil auf orale Darreichungsformen übergegangen werden.

Katzenseuche (Panleukopenie, Feline Parvovirose)

Vor wenigen Jahren noch eine der häufigsten Infektionskrankheiten unserer geliebten Samtpfoten ist die infektiöse Katzenseuche dank regelmäßiger Impfungen nur noch äußerst selten zu verzeichnen. Trotzdem konnte diese Krankheit bis heute nicht vollständig ausgerottet werden. Erreger dieser Krankheit ist ein sogenanntes Parvovirus. Es ist unter bestimmten Bedingungen (z. B. bei Zimmertemperatur) sehr langlebig und bis zu einem Jahr infektiös. Die Übertragung des Erregers findet nicht nur von Katze zu Katze statt, sondern kann auch über Futternapf, Spielzeug oder Schlafhöhle erfolgen. Selbst an unseren Schuhen können wir das gefürchtete Virus in die Wohnung schleppen.

Die Zeit der Ansteckung bis zum Ausbruch der Katzenseuche (Inkubationszeit) beträgt etwa sieben bis zwölf Tage. Schon zu Beginn zeigt sich ein schweres Krankheitsbild. Die Katze hat hohe Temperatur (um 41 °C), Erbrechen und Durchfall, der zuerst flüssig und später blutig ist. Durch den starken Flüssigkeitsverlust kommt es schnell zum Kreislaufzusammenbruch. Ohne entsprechende tierärztliche Versorgung sterben die meisten der an Katzenseuche erkrankten Tiere schon nach wenigen Tagen.

Folgeschäden bei infizierten schwangeren Katzen sind Abort, Totgeburten und Kleinhirndegenerationen der Jungtiere, die sich in unkoordinierten Bewegungen wie taumelndem Gang usw. äußern. Überlebt solch ein Katzenkind, wird es bedingt durch die Hirnschädigung sein Leben lang Schwierigkeiten haben, den Futternapf zu erwischen. Um dem Tier solche Qualen zu ersparen, sollte der Tierarzt rechtzeitig für Erlösung sorgen.

Für die Behandlung der Katzenseuche ist nur der Tierarzt kompetent. Der Besitzer kann lediglich Hilfestellung leisten, indem er sein krankes Kätzchen liebevoll rund um die Uhr versorgt und das Lager mit Einwegunterlagen (Apotheke) auslegt, die bei Verschmutzung umgehend erneuert werden sollten. Wegen eventueller Austrocknungsgefahr sollten alle zwei Stunden mit einer Spritzampulle etwa 5 ml Wasser seitlich ins Mäulchen geträufelt werden. Nach etwa 24 Stunden kann ein wenig Reisschleim (Babynahrung), natürlich ohne Milchzusatz, angeboten werden. Auch Rinderserum oder eine spezielle Aufbaukost in Pastenform, beim Tierarzt oder in der Apotheke erhältlich, kann teelöffelweise verabreicht werden. Nach vier bis fünf Tagen darf der kleine Patient ein wenig fettfreie Hühnerbrühe mit weichgekochtem Reis und etwas püriertem Hühnerfleisch oder Fertig-Babynahrung (Hühnchen, Rindfleisch, Gemüse usw.) erhalten. Damit sich der Darm langsam regenerieren kann, sollte man frühestens nach drei Wochen auf Normalkost übergehen.

Wie Sie sehen, ist auch hier vorsorgen besser als heilen. Jede Katze sollte einen vollen Impfschutz gegen Katzenseuche besitzen, der je nach Impfstoff alle ein bis zwei Jahre aufgefrischt werden muß (siehe Immunisierungsmaßnahmen).

Tollwut (Rabies)

Die Tollwut ist eine für Mensch und Tier tödlich verlaufende Viruserkrankung. Erreger ist das Rabiesvirus, das zur Gruppe der sogenannten Rhabdoviren zählt. Als Hauptüberträger gilt bei uns der Fuchs. Tollwut wird durch den Biß von einem infizierten Tier übertragen. Durch Auslegen von Impfködern ist in unseren heimischen Wäldern die Tollwut weitgehend eingedämmt worden, doch hin und wieder sieht man immer noch Schilder mit der Aufschrift: „Tollwut gefährdeter Bezirk!" Eine freilaufende Katze, die von einem infizierten Fuchs gebissen wird, erkrankt erst dann, wenn die Wunde schon längst verheilt ist. Ist das Virus erst einmal in die Blutbahn gelangt, wird die Katze an Tollwut sterben.

Die Inkubationszeit beträgt etwa vier Wochen bis zu einem Jahr. Wir unterscheiden die rasende und die stille Wur. Die rasende Wut erkennt man an Aggressivität, Angriffslust, Fauchen ohne erkennbare Ursachen. Die stille Wut bewirkt genau das Gegenteil. Sonst scheue Katzen sind ungewöhnlich liebenswert und anhänglich, verkriechen sich später und weinen kläglich. Hier ist die Diagnose besonders schwierig. Hinzu kommt in beiden Fällen verstärkter Speichelfluß und Lähmungserscheinungen der Hinterbeine.

Ist die Krankheit erst einmal ausgebrochen, führt sie nach etwa acht bis zehn Tagen zum Tod. Behandlungen sind aussichtslos. Meldepflicht besteht schon bei Verdacht auf Tollwut. Dann beurteilt der Amtstierarzt, ob die Katze in dreimonatige Quarantäne kommt oder eingeschläfert werden muß. Meistens entscheidet der Tierarzt für das letzterSollte Ihre Katze – wenn auch nur gelegentlich – nach draußen kommen, muß sie auf alle Fälle gegen Tollwut geimpft werden (siehe Immunisierungsmaßnahmen).

Aujeszkysche Krankheit (Pseudowut)

Der Name Aujeszkysche Krankheit stammt von ihrem Entdecker, dem ungarischen Pathologen Aujeszky, der 1902 diese Krankheit als Virusinfektion identifizierte. Der Erreger dieser tödlichen Erkrankung ist ein Herpesvirus, das in vielen Schweinebeständen gastiert. Schweine können dieses Virus in sich tragen, ohne daran zu erkranken. Für uns

Abb. 13: Sechs Wochen alter Kartäuser „of Shepherdhome", Züchter: Schäfer, Grünebach.

Abb. 14: Biff vom Immental, EKH Blau-Weiß, Züchter/Besitzer: Stopka, Neunkirchen-Seelscheid.

Abb. 15: „... mit den Augen eines Herzensbrechers." Kartäuserkater Blue-Andy, 7 Monate, Züchter/Besitzer: Durth, Burbach.

Abb. 16: Kartäuser Kitten in der zweiten Lebenswoche. Besitzer: Ferenczy, Langenselbold.

Abb. 17: Katzenmutter Lilac-Weiß mit ihren Neugeborenen „vom Eppenhof",
Züchter: Gennermann, Hagen-Hohenlimburg.

Abb. 18: „... es hat gut geschmeckt." Kartäuser. Züchter: Durth, Burbach.

Menschen ist das Virus absolut ungefährlich – Hunde und Katzen können jedoch durch Fütterung mit rohem Schweinefleisch durch das Pseudowut-Virus infiziert werden und erkranken. Die Inkubationszeit beträgt zwei bis acht Tage. In ihrem Verlauf ist die Aujeszkysche Krankheit der Tollwut sehr ähnlich. Wesensveränderungen und vermehrter Speichelfluß sind die ersten Krankheitsanzeichen. Das infizierte Tier juckt und kratzt sich pausenlos. Erbrechen, Durchfall, Fieber, Lähmungen und zunehmende Atemnot kommen hinzu. Nach zwei bis drei Tagen tritt der Tod ein.

Leider gibt es bis heute keinen wirksamen Impfschutz für diese Erkrankung. Die einzige Maßnahme im Kampf gegen Pseudowut ist die Vorbeugung:

– Füttern Sie niemals rohes Schweinefleisch – auch Innereien immer gut durchgaren.
– Geräucherter Schinken oder luftgetrocknete Salami können auch das Virus übertragen.
– Freilaufende Katzen sollten nicht mit Schweinen in Berührung kommen.
– Vorsicht bei Ratten und Mäusen im Bereich von Schweineställen. Auch sie können Überträger sein.

Immunschwäche (FIV)

FIV ist die Abkürzung für „feline immunodeficiency virus". Die Erkrankung wird auch Katzen-AIDS genannt, weil sie bei Katzen dem AIDS ähnliche Symptome hervorruft. Es sei aber ausdrücklich darauf hingewiesen, daß es sich hierbei um zwei völlige verschieden Krankheiten mit unterschiedlichen Erregern handelt. Das FIV ist von dem AIDS-auslösenden HIV völlig verschieden und nicht auf Menschen übertragbar. Es besteht keinerlei Ansteckungsgefahr. Das Virus kann sich in menschlichen Zellen nicht vermehren.

Bevor der Erreger, ein Immundefizienz-Virus (Retrovirus), 1987 entdeckt wurde, ordnete man diese Erkrankung der Katzenleukose zu. Neuesten Erkenntnissen zufolge ist der Erreger die Mutation eines Leukosevirus. Nur durch eine Laboruntersuchung (FIV-Test) kann diese Immunschwächekrankheit erkannt werden.

Das Virus vermehrt sich in den Immunzellen des Körpers. Das Immunsystem wird geschädigt und öffnet somit die Pforten für Krankheitserreger, die für weitere Infektionen sorgen. Viren, Bakterien und Pilze können sich ungehindert ausbreiten.

Freilaufende Katzen können sich durch Raufereien, Blut, Speichel oder den Deckakt – also den Austausch von Körperflüssigkeiten – anstecken. Wohnungskatzen sind offensichtlich weniger gefährdet. Die genaue Inkubationszeit ist noch nicht bekannt. Sie soll bis zu mehreren Jahren betragen. Die Überlebenschance liegt bei etwa 50 Prozent. Die hohe Todesrate kommt nicht durch das FIV zustande, sondern durch auftretende Sekundärinfektionen. Behandeln kann der Tierarzt, indem er das Immunsystem der infizierten Katze stärkt und die Sekundärinfektionen bekämpft. Vorbeugende Impfungen gibt es zur Zeit noch nicht.

Immunisierungsmaßnahmen

Als Maßnahme im Kampf gegen einige bedeutende Virusinfektionen bei unserer Katze gibt es die Möglichkeit der vorbeugenden Impfung, die jeder Katzenhalter zum Schutz der Gesundheit seines Lieblings durch den Tierarzt vornehmen lassen sollte. Für die Katze kommen Schutzimpfungen gegen Tollwut, Katzenseuche und -schnupfen, Leukose und gegen die ansteckende Bauchfellentzündung (FIP) in Betracht. Auch hier gilt, daß alle Erkrankungen zum Tode des Tieres führen können bzw. bei Tollwut, Leukose und FIP auf jeden Fall zum Tode führen!

Gegen Leukose kann ab der 9. Lebenswoche geimpft werden. Die Zweitimpfung erfolgt nach drei Wochen.

Die Grundimmunisierung gegen FIP erfordert ebenfalls zwei Impfstoffgaben ab der 16. Lebenswoche in dreiwöchigem Abstand.

Auch bei Leukose und FIP sind zur Aufrechterhaltung des Impfschutzes jährliche Wiederholungsimpfungen notwendig.

118

Allergien

Hier noch einige Worte zum Thema Allergien: „Die Haut ist der Spiegel der Seele." Ich bin sicher, daß Tiere eine Seele haben; für mich trifft das Sprichwort auch auf unsere Katze zu.

In der heutigen Zeit zeigen sich nicht nur bei uns Menschen, sondern auch bei den Heimtieren in verstärktem Maße allergische Reaktionen auf unsere Umwelt, angefangen bei Nahrungsmittelallergien bis hin zu allergisch bedingten Hormonstörungen. Ist dieses Problem erst einmal da, kann guter Rat teuer sein.

Meine Jessica bekam im Alter von fünf Jahren während einer Rolligkeit Pusteln an Kopf und Körper. Sie begann, sich wie verrückt zu putzen und zu kratzen, bis sich hier und da kahle Stellen bildeten. Natürlich war mein erster Gang zum Tierarzt, der sie auf Flöhe und Milben untersuchte. Der Befund war negativ. Dann wurden Pilzkulturen angelegt. Auch das gab keinen Aufschluß über die Ursache der Beschwerden. Trotzdem wurde sie laufend gebadet und bekam Cyflee-Tabletten® (gegen eventuelle Demodex-Milben, die nicht so leicht nachzuweisen sind) verabreicht. Die Behandlung hatte keinen Erfolg. Ich hasse diese ratlosen Situationen, wenn man mit seinem Latein am Ende ist.

Als Weisheit letzter Schluß bekam sie über drei Tage je 1 Tablette Volon 4® (Triam-oral 4®), danach über drei Tage je ½ Tablette. Das nervöse Putzen verschwand und das Fell wuchs wieder nach. Anschließend ließ ich Jessica für ungefähr ein halbes Jahr stillegen (sie bekam die Anti-Baby-Spritze). Während dieser Zeit hatte sie absolut keine Probleme. Bei der folgenden Rolligkeit kratzte sie sich eine dicke Wunde ins Gesicht. Ich brachte sie zum Kater und als ich sie abholte, tränten ihre Augen und die Bindehäute waren rot. Die anfangs vermutete Erkältung stellte sich als Begleiterscheinung der Allergie heraus. Als Jessica dann schwanger wurde, gingen alle Erscheinungen von selbst zurück. Nach Abgabe ihrer Jungen bekam sie wieder die Anti-Baby-Spritze, und sie hatte wieder ein halbes Jahr Ruhe.

Dann ging alles wieder von vorne los. Sie rollte, sie begann, sich Wunden ins Gesicht zu kratzen, und es bildeten sich wieder Pusteln am Körper. Ich ließ sie abermals für ein halbes Jahr stillegen, weil ich lieber eine gesunde Katze haben wollte, als eine Schar Katzenkinder. Doch diesmal wandte sich alles ins Gegenteil: Sie kratzte, hatte entzündete Augen, sie hatte rosa Zitzen, als ob sie scheinschwanger sei. Ihr Urin stank so penetrant wie der eines potenten Katers.

Mein Tierarzt machte eine komplette Blutuntersuchung: Leber und Nieren waren in Ordnung. Der Blutzuckertest zeigte auch nichts ungewöhnliches (Werte wie beim Menschen), Jessica hatte 110. Die Leukozytenanzahl war normal. Aber der Test auf Allergene im Blut war positiv!

Mittlerweile hat sich herausgestellt, daß Jessica auf ihre eigene Hormonbildung allergisch reagiert. Die Diagnose lautete: Eosinophiles Granulom – nicht fort zu bringende Ekzembildung. Eine Dauerbehandlung mit Cortison wäre das einzig sichere Mittel für meine geliebte Katze – doch damit wäre schon eine Leber- und Nierenschädigung vorprogrammiert. Nun gebe ich ihr dreimal täglich Silicea D30 über sieben Tage. Danach werde ich ab dem zehnten Tag (höchstens 21 Tage lang) auf Calcium fluoratum D30 einmal täglich übergehen. Nach vier Wochen Pause wiederhole ich die Behandlung. H. G. Wolff hat sie in seinem empfehlenswerten Buch „Unsere Katze, gesund durch Homöopathie" beschrieben. Ich werde meine Jessica wohl kastrieren lassen müssen, um sie ein für allemal von ihren Kratzattacken zu befreien.

Bei Nahrungsmittelallergien sollte man zuerst feststellen, welche Substanzen verstärkte Reaktionen hervorrufen. Bestimmte Nahrungsmittel müssen nach und nach aussortiert werden – statt Fisch Hühnchen mit Milchreis füttern (selbst zubereitet). Diese mühsame Prozedur führt über kurz oder lang zum Erfolg. Spezielles Diätfutter erhalten Sie bei Ihrem Tierarzt oder in guten Fachhandlungen.

Bei Kontaktallergien sollten zunächst einmal Eß- und Trinknäpfe ausgetauscht werden. Auch unsere Tiere reagieren mitunter allergisch gegen bestimmte Kunststoffe oder Edelstahl (Nickelallergie). Sogar importierte Keramikgefäße können große Mengen Schwermetalle ans Trinkwasser abgeben. Ein Bericht der Zeitung ‚Test' Nr. 2/95 (Stiftung Warentest) belegt das regional unterschiedliche Vorhandensein von Schwermetallen (Blei, Kupfer, Cadmium, Zink) in unserem Trinkwasser. Vereinzelt liegt es an alten Bleirohren, Kupfer- oder verzinkten Stahlleitungen, wo sich die Schwermetalle aus den Rohrwandungen lösen können. Weitere Ursachen können bleihaltige Messinglegierungen von Armaturen oder die Lötstellen von Kupferrohren sein, wenn hier mit bleihaltigem Lot gearbeitet wurde. Hauptsächlich in verschiedenen

Altbauten wurden hohe Schwermetallbelastungen festgestellt. Durch entsprechende Wasseranalysen kann man auch diesen Übeltätern auf die Spur kommen und gegebenenfalls Tafelwasser in den Trinknapf füllen. Auch Katzenstreu kann eine Allergie bei Katzen hervorrufen. Hier gibt es verschiedene Alternativmarken. Sie können ausprobieren, welches Streu das Gesündeste für Ihre Katze ist.

Kürzlich wurde in einer Fernsehreportage über eine norddeutsche Tierklinik berichtet. Dort führt man bei Hund und Katze einen ähnlichen Allergietest durch, wie die Hautärzte der Humanmedizin. Dem Tier wird an einer Körperstelle das Fell wegrasiert und Bestandteile z. B. von Nahrung, Hausstaub, Bäumen, Getreide usw. in kleine Hautritzungen injiziert. Schon nach kurzer Zeit können Überreaktionen (Schwellungen bzw. Rötungen) die Allergien bestätigen.

Zuchtprobleme

Bei der Kartäuserkätzin verläuft die Geburt im allgemeinen völlig problemlos, doch Ausnahmen bestätigen die Regel! Genau dies erfuhr ich im Sommer 1989.

Meine „Alpha" war zum zweiten Male schwanger, und wir freuten uns alle riesig. Nach der vierten Schwangerschaftswoche entwickelten sich bei ihr unverkennbare Rundungen, die auf einen großen Kindersegen deuten ließen. Am 47. Schwangerschaftstag verlor sie Wasser. Am nächsten Abend geschah dasselbe wie am Vortag.

Es sah aus, als würde es zur Frühgeburt kommen. Am folgenden Morgen konnte ich nur eine kleine Schmierblutung erkennen. Alles verlief weiterhin ganz normal und am 64. Tag begann der Geburtsverlauf völlig unkompliziert. Um 7.30 Uhr kamen die ersten Wehen. Um 8.45 Uhr wurde das erste Kätzchen geboren. Gegen 10.00 Uhr kam ein Katerchen von 125 Gramm und um 11.35 Uhr wiederum ein Kätzchen von 105 Gramm. Diesen drei gesunden Kitten folgten drei mumifizierte, unausgebildete Föten. Nach dem Fruchtwasserabgang am 47. und 48. Tag mußten sie sich verkapselt haben. Bei Alphas folgenden Wehen erschien immer wieder eine Fruchtblase, in der winzige weiße Flocken schwammen – erneut ein schlechtes Zeichen!

Inzwischen war die Blase geplatzt und immer wieder lugten zwei Hinterbeinchen hervor, um danach erneut zu verschwinden. Aus Sorge um Alpha zog ich das leblose Baby an den Hinterbeinchen heraus.

Es war ein kleiner Kater, das Körperchen schlaff, die Nabelschnur nicht mehr durchblutet, und alles schien hoffnungslos. Plötzlich zuckten seine Beinchen und es begann der Wettlauf um sein Leben: Um die Lunge frei zu bekommen, saugte ich ihm Schleim und Blut ab. Dann frottierte, schüttelte und massierte ich ihn fast zwei Stunden lang. Endlich gab sein Stimmchen ein leises Rasselgeräusch ab. Das Katerchen war zwar schwach und sein Saugreflex fehlte, aber es lebte und hatte ein Gewicht von 125 g. Mit einer Tropfpipette übernahm ich die Fütterung (Tag und Nacht im Zwei-Stunden- Rhythmus).

Am zweiten Tag konnte der Kleine fast schon schreien wie seine Geschwister, doch in den ersten 72 Stunden nach der Geburt hatte er bereits 15 g abgenommen. Am fünften Tag erreichte er wieder sein Geburtsgewicht, was mich bestärkte, meine Ammentätigkeit fortzusetzen. Durch eine winzige Unachtsamkeit meinerseits verschluckte er sich. Ab dem sechsten Tag wurde er stündlich unruhiger, und es entwickelte sich rasend schnell eine Lungenentzündung. Zwei Tage später starb der kleine Kater. Derartige Vorfälle gibt es zum Glück selten, doch die Zucht zeigt uns leider hin und wieder auch grausame Seiten.

In jeder Zucht gibt es Hochs und Tiefs, einmalige Glückstreffer und umwerfende Niederlagen. Manchmal kommt man sich vor, wie ein Stehaufmännchen. Wenn man glaubt, es endlich geschafft zu haben, läuft wieder mal irgend etwas schief. Niederlagen, die mit Krankheit oder Sterben eines Tieres – sei es auch noch so klein – verbunden sind, tun teuflisch weh. Man beginnt mit Selbstvorwürfen, glaubt, etwas falsch gemacht zu haben, und ist einfach traurig. Man fragt sich immer wieder: ‚Warum tust Du Dir das eigentlich an?' Man spricht davon, seine Zucht zu beenden und macht weiter. Warum? Diese Frage kann keiner von uns beantworten.

Genetische Defekte und Umweltfaktoren

Erste Voraussetzung zur Vermeidung von Erbschäden sind detaillierte Kenntnisse über die Verwandtschaftszweige der zur Zucht eingesetzten Katze und deren Erbanlagen. Über die im Stammbaum vertretenen

Linien und deren Ahnen (einige Stammbaumgenerationen zurückreichend) sollte ein Züchter schon Bescheid wissen. Entspringt die Katze aus hervorragenden Linien, kann durch engere Paarungen, zum Beispiel Rückkreuzung auf den Vater, die Qualität der Nachkommen noch verbessert werden.

Doch Vorsicht: nicht nur gute, sondern leider auch schlechte Erbmasse wird dem Abkömmling in doppeltem Maße weitergegeben. Darum ist es notwendig, ein bestimmtes Ziel anzustreben, die Augen offen zu halten und Erfahrungen zu sammeln.

Ich habe meine Zuchtlinien immer genau unter die Lupe genommen und bisweilen sehr enge Paarungen angestrebt. Die Jungtiere aus diesen Verbindungen kamen dem Idealbild eines Kartäusers sehr nahe. Sie waren gesund, kräftig, von angenehmem Wesen und hatten auf Ausstellungen manchen Erfolg zu verzeichnen. Ich hatte Glück, denn es hätte auch anders kommen können: Bei Auftreten erblicher Abnormitäten hätten nämlich auch meine Tiere die schlechte Erbmasse getragen (rezessiv).

Genetische Defekte sind bei manchen Linien nicht von der Hand zu weisen. Das Auftreten von Gaumenspalte, Knickschwanz oder Stoffwechselschäden ist ein rezessiver Erbfehler, wobei Mutter wie auch Vater Träger dieses Fehlers sein müssen. Sollten Sie in Ihrer Zucht jemals mit solchen Problemen konfrontiert werden, verteufeln Sie niemals voreilig den Vater der Jungen. Ihre Katze ist genauso daran beteiligt wie der Kater! Wird ein Träger mit einem Nichtträger gepaart, kann diese Mißbildung niemals in Erscheinung treten. Wenn rezessive Defekte auftauchen, ist es sinnvoll und aufrichtig, diese durch Testpaarungen zu enthüllen. Hierzu ist der Gedankenaustausch mit anderen Züchtern von allergrößter Wichtigkeit.

Bei Auftreten eines Defektes kann man jedoch nicht immer die Erbmasse verantwortlich machen. Medikamente, Desinfektionsmittel, Pökelsalz sowie verschiedene umweltbedingte Einflüsse oder Stoffe können unter Umständen katastrophale Folgen bei schwangeren Kätzinnen und ihrem Nachwuchs auslösen. Bei Mißbildungen wie Gaumenspalte, Brust-, Schwanz- oder Fußdefekten darf nicht nur an Vererbung, sondern auch an Umgebungsgifte gedacht werden.

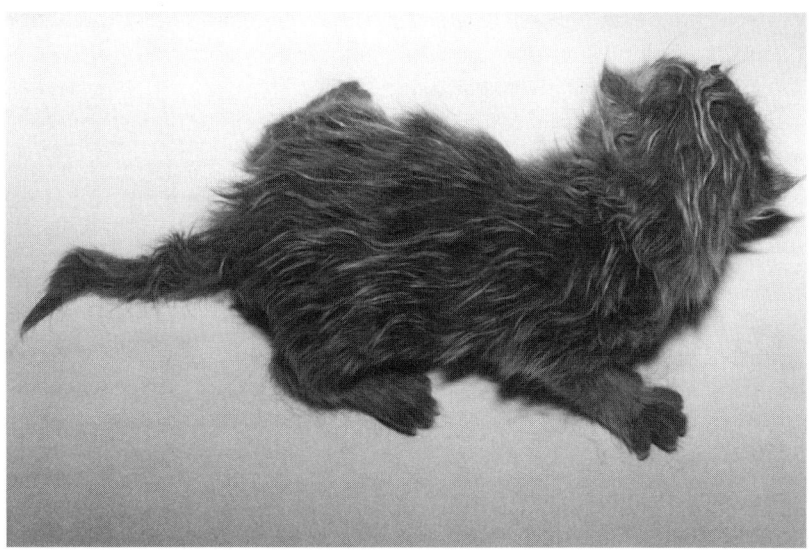

Kartäuserkätzchen mit „Knickschwanz"

Schädigende Einflüsse vor und während der Schwangerschaft:

– Giftige Nahrungsrückstände (Pestizide), Säuren, Laugen, Desinfektionsmittel
– Medikamente wie Antibiotika, Cortison; Pilz- und Ungezieferbehandlung (Floh-, Milbenbekämpfung); Beruhigungsmittel
– Fieber, Viruserkrankungen

verursachen folgende Mängel:

– Herz- und Kreislaufstörungen, Gaumen-, Skelett- und Schwanzmißbildungen,
– Haar- und Hautveränderungen, Schäden an inneren Organen, Augen und Gehör

Frühgeburten

In der Regel bekommt eine gesunde Katze ihren Nachwuchs zum planmäßigen Termin, ein bis zwei Tage früher oder bis zu wenige Tage später. Beginnt jedoch die Geburt bis zu zehn Tage vor dem regulären Zeitpunkt, sind die Katzenkinder nicht fertig ausgebildet und kaum behaart. Auch bei annehmbarem Geburtsgewicht haben sie kaum eine Überlebenschance. Dieser Fall trat jetzt erstmalig in meiner Zucht auf, und ich gehe davon aus, daß gewisse Streßfaktoren zur Frühgeburt geführt haben. Andererseits können auch hormonelle Störungen oder Fehler im Erbgut dafür verantwortlich gemacht werden. Dies herauszufinden erfordert einen erneuten Zuchtversuch mit der betreffenden Katze.

In den Anfangsphasen der Schwangerschaft vollzieht sich eine Fehlgeburt zumeist unbemerkt. Etwa nach der 5. Woche (die Organbildung ist jetzt abgeschlossen) erfolgt ein Abortus unter Wehen ebenso wie bei normaler Niederkunft, doch häufig unter enormen Blutungen.

Frühgeburten, geboren am 56. Schwangerschaftstag.

Blutgruppenunverträglichkeit

Eine Unverträglichkeit des Blutes sorgt für Komplikationen der schwangeren Katze und war sicher schon oftmals Ursache eines plötzlichen Welpensterbens. Mittels Blutuntersuchungen bei Katzen wurde ergründet, daß es drei verschiedene Blutgruppen gibt: A, B und AB. Ernsthafte Probleme sind vorprogrammiert, wenn zum Beispiel eine B-Katze von einem A-Kater gedeckt wurde (oder umgekehrt).

Dadurch scheint die Schwangerschaft mit einem Katzenpaar verschiedener Blutgruppen von vornherein zum Scheitern verurteilt. Ähnlich des Rhesusfaktors beim Menschen bildet das Blut der Mutterkatze Abwehrkörper. So hat ein A-Katzenkind einer B-Mutter kaum eine Überlebenschance. Wenn also nach der Geburt Probleme mit Ihren Babies auftreten, auch wenn bei einem oder mehreren Jungtieren die Schwanzspitzen eintrocknen und abfallen – und andere Ursachen ausgeschlossen werden können – sollten Sie nicht zögern, bei Ihrer Katze die Blutgruppe bestimmen zu lassen. Bei Bestätigung sollten Sie in Zukunft nur noch auf Kater dieser Blutgruppe zurückzugreifen.

Gebärmutterentzündung der Zuchtkätzin

Nicht selten kommt es vor, daß bei der Geburt Reste von Fruchthüllen oder Nachgeburten nicht vollständig abgestoßen werden. Dies kann eine Infektion der Gebärmutter auslösen. Das Allgemeinbefinden ist gestört, die Katze hat wenig Appetit und trinkt sehr viel. Begleitet wird dies von Scheidenausfluß, der wässrig, blutig oder eitrig sein kann. In diesem Zustand zeigt die Katzenmutter wenig Interesse für Ihre Jungen. Ihre Milchproduktion läßt nach, so daß ihre Kinder schreien, weil sie nicht mehr ausreichend satt werden. Jetzt gehört die Katze schleunigst in tierärztliche Behandlung.

Um das geliebte Tier zu retten, ist meist eine Kastration unumgänglich. Frau Röll-Becker gab mir folgenden Behandlungstip:

„Der Tierarzt rät meist zur Kastration" (Therapieempfehlung des Lehrbuches). Dies muß jedoch nicht in allen Fällen sein. Zunächst sollte man versuchen, das Tier als Zuchtkatze zu behalten, indem man es folgendermaßen behandelt: Sobald man eitrigen Ausfluß aus der Scheide feststellt, sollte zuerst der Tierarzt aufgesucht werden, der eine Antibiotikaspritze verabreicht. Dies sollte eventuell nach drei Tagen wiederholt werden. Zusätzlich besorgt man sich in der Apotheke

– 1×5 Ampullen Sabina injeel forte (Heel) und
– 1×5 Ampullen Metro adnex (Heel).

Der Tierarzt spritzt täglich im Wechsel eine Ampulle subkutan. Man beginnt mit Sabina injeel. Am nächsten Tag folgt Metro adnex und am übernächsten Sabina injeel usw. Die Behandlung muß in jedem Fall mindestens zehn Tage lang erfolgen, eventuell länger. Zu Anfang verstärkt sich der eitrige Ausfluß. Dies ist normal, denn es zeigt die Wirkung der homöopathischen Mittel an.

Im Normalfall ist die Sache in sieben bis zehn Tagen durchgestanden. Sollte die Katze jedoch schwere Krankheitssymptome wie hohes Fieber, Mattigkeit, Apathie, Futterverweigerung oder ähnliches zeigen und sollte nach den Antibiotikagaben keine nennenswerte Besserung eingetreten sein, so bleibt nur der Weg zur Kastration, um das Leben des Tieres zu retten. Eine erfolgreich behandelte Katze sollte bei der zweiten Rolligkeit wieder gedeckt werden.

Homöopathie und ihre Heilmöglichkeiten

Das Wort Homöopathie stammt aus dem Griechischen: homoios = ähnlich und pathos = Zustand. Die gesamte Lehre der Homöopathie beruht auf der Devise: „Similia similibus curentur", was soviel bedeutet wie: „Ähnliches werde durch Ähnliches geheilt". Opium zum Beispiel hat bei hohen Gaben Benommenheit und Verdauungsstörung zur Folge, bei minimalen homöopathischen Dosen wirkt es sich jedoch positiv auf die Verdauung aus. Ipecacuanha (Brechwurzel), die Unwohlsein hervorruft, heilt in winzigen Gaben diese Unpäßlichkeit.

Die homöopathischen Rohstoffe bilden mineralische, pflanzliche und tierische Stoffe. Durch Vermischen der entsprechenden Trägerstoffe mit Milchzucker, Wasser oder Alkohol entstehen unter kräftigem Schütteln oder Verreiben die einzelnen Verdünnungen (Potenzen). Für unsere Katzen verwenden wir D=Dezimal- und C=Centesimal-Potenzen. Die

Potenz D1 (C1) entsteht aus 1 Teil Urtinktur oder Essenz (z. B. aus frischer Pflanze) und 9 Teilen Verdünnung. D2 entsteht aus 1 Teil D1 und 9 Teilen Verdünnung und so fort. Niedrige Potenzen bis D12 wirken nicht so weitreichend wie die höheren D30, D200. Um die Potenz D200 (C200) herzustellen, sind 200 getrennte Arbeitsvorgänge notwendig. Die Bezeichnung einer Urtinktur ist ⌀.

Alle Mittel in Form von Tropfen (weil über 50% Alkohol, für unsere Katzen nicht so gut geeignet), Tabletten, Kügelchen (Globuli) oder Pulver können in Apotheken oder Tierarztpraxen bestellt werden. Außerdem gibt es Ampullen für Injektionszwecke, die der Tierarzt spritzt.

Die Einnahme bezeichnet man als „Gabe". 1 Gabe Tropfen = 6 bis 10 Tropf., 1 Gabe Tabletten = 1 Tabl., 1 Gabe Globuli = 6 bis 10 Kügelchen, 1 Gabe Pulver ist eine schwache Messerspitze voll. 1 Teelöffel Urtinktur (z. B. Calendula) auf ½ bis 1 Tasse warmes Wasser wird für Wundreinigung genommen.

Tips zum Einsatz von Homöopathika

Die Wirkung der Homöopathika und der Erfolg der homöopathischen Behandlung sind in erster Linie an das Verhalten des Patienten gekoppelt. Dies klingt ein wenig verwirrend, doch alle Behandlungsvorschläge richten sich zuerst nach dem „Wesen" des Patienten. Zu vergleichen wäre es mit dem Schnupfen. Man sollte nicht zuerst fragen: „Was hilft bei Schnupfen?", sondern: „Warum hat gerade dieser Patient einen Schnupfen bekommen?"

Jeder Patient hat eine eigene Persönlichkeit – so auch jede unserer Katzen. Deshalb müssen Sie Ihr Tier genau kennen und seine Wesens- und Verhaltenszüge sollten Ihnen voll vertraut sein. Nur so sind Sie in der Lage, das passende Heilmittel zu finden. Doch erwarten Sie bitte von Homöopathika weder das ersehnte „Wunder" noch eine „rasche" Heilung. Eine Behandlung mit diesen Mitteln erfordern viel Geduld und Ausdauer.

Bei ernstzunehmenden Krankheitszeichen wie stark erhöhter Temperatur, übermäßigem Durst, Eiterungsprozessen, Blutungen etc. sollte jeder verantwortungsbewußte Tierbesitzer umgehend den Tierarzt konsultieren, der passende Medikamente verordnet. Nur der Tierarzt ist in der Lage, eine ernstzunehmende Krankheit zu diagnostizieren. Er

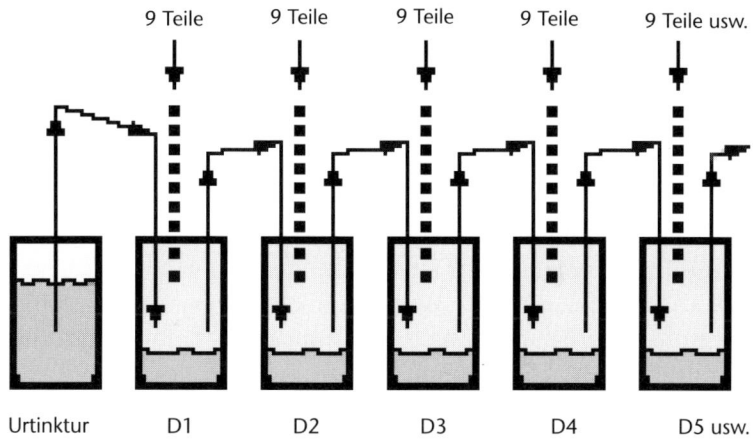

Zusätze aus Alkohol oder Milchzucker

9 Teile   9 Teile   9 Teile   9 Teile   9 Teile usw.

Urtinktur   D1   D2   D3   D4   D5 usw.

Beispiel der Potenzierungsmethode in der Homöopathie

allein kann entscheiden, welche Medikamente einzusetzen sind. Übermäßiges Trinken zum Beispiel könnte verschiedene Ursachen haben, die unbedingt abgeklärt werden müssen. Durch eine Blutuntersuchung kann der Tierarzt erhöhte Blutzucker-, Leber- und Nierenwerte oder auch eine Infektion feststellen. Als Zusatz- bzw. Nachbehandlung kann man hier auf Homöopathika zurückgreifen – aber bitte immer Hand in Hand mit dem Tierarzt!

Abszeß:

Ein Abszeß ist ein Eitergeschwür im Gewebe als Folge einer bakteriellen Infektion durch Verletzungen (Biß- oder Kratzwunden). Um das Reifen des Abszesses zu beschleunigen, gibt man 1 Dosis Hepar Sulfuris D3, bis 6×täglich über ein bis zwei Tage. Fließt der Eiter, gibt man Silicea D12, 3×täglich über drei Tage und versorgt die Wunde mit verdünnter Calendula-Urtinktur (siehe auch Fieber).

Analdrüsenentzündung:

Rechts und links des Afters liegen die Analdrüsen. Sie sind mit einer bräunlichen Flüssigkeit gefüllt, die Duftstoffe enthalten, welche beim Kotabsetzen in geringen Mengen mit abgegeben werden. Bei einem Sekretstau in den Analbeuteln kommt es manchmal zu Entzündungen. Die Katze rutscht auf dem Hinterteil, beleckt sich ständig den After oder beißt plötzlich in die Schwanzwurzel. Wenn Anzeichen einer Entzündung vorliegen (Rötung, Hitze), dann ist wieder Hepar sulfuris D3 angezeigt, bis 6×täglich, über ein bis zwei Tage. Danach mit Calendula-Salbe vorsichtig einreiben. Wenn nur eine Analdrüsenverstopfung vorliegt, können Sie diese auch selbst ausdrücken. Ihr Tierarzt wird Ihnen die Handgriffe zeigen.

Bindehautentzündung:

Diese häufigste Erkrankumg des Auges kann durch eingedrungenen Staub, Zugluft oder ähnliches entstehen. Sie äußert sich in vermehrtem Tränenfluß und Rötung der Bindehaut. Bei roten und geschwollenen Bindehäuten gibt man Euphrasia D3, 3 bis 5×täglich über ein bis drei Tage. Bei lichtempfindlichen Tieren mit stark verquollenen Augen ist Apis mellifica D4 angezeigt. Man gibt 3 bis 5×täglich über ein bis drei Tage je 1 Dosis. Ist die Entzündung eitrig fortgeschritten, wird der Tierarzt zunächst antibiotische Augensalbe bzw. -tropfen verordnen. Als Zusatzbehandlung gibt man Mercurius sublimatus corrosivus D8, 3 bis 5×täglich oder Pulsatilla D4.

Blasenentzündung:

Aufgrund einer Erkältung kommt es manchmal zur Entzündung der Harnblase. Die Anzeichen sind häufiges Belecken des Genitalbereichs und dauernder Harndrang, doch im Katzenklo findet man nur wenig Urin. Hier behandelt man mit Apis D3, je 1 Gabe bis 6×täglich. Ist der Urin auffallend blutig, sollte unbedingt der Tierarzt aufgesucht werden, der die Infektion antibiotisch behandeln wird, um deren Aufsteigen in die Nieren zu verhindern. Auch hier kann der Tierbesitzer die Behandlung mit hochpotenzierter Homöopathika unterstützen. Solidago D15, 1×täglich und Cantharis D15, 1×täglich. Bei blutigem Urin empfiehlt sich Calendula D200, 1×täglich.

Durchfall:

Durchfall kann viele Ursachen haben: Darmparasiten, falsche oder zu kalte Ernährung oder einfach nur Streßsituationen. Hauptsächlich bei jungen Katzen ist Durchfall eine sehr ernste Sache. Ein massiver Flüssigkeitsverlust kann einem Katzenkind das Leben kosten. Wenn ein Durchfall länger als 24 Stunden anhält, muß das Tier in ärztliche Behandlung! Liegt die Ursache bei falscher Ernährung, dann hilft Pulsatilla D4 oder D6 4 bis 6×täglich. Wenn der Durchfall grünlich ist und von Fieber begleitet wird, gibt man Aconitum D4 und Arsenicum Album D6 alle zwei Stunden im Wechsel. Wenn der Durchfall gelb-wässrig ist und mit einem Mal herausschießt, dann sollte man Podophyllum D4 oder D6 geben. Züchter stabilisieren die Darmflora ihrer Katzenbabies mit Stullmisan-Pulver®, Bactisel-HK® (beides erhält man beim Tierarzt) oder Perenterol® (Apotheke). Guanistrep-Paste® gegen infektiöse Durchfälle bei Kleintieren enthält Antibiotika, wirkt sehr schnell, ist aber nur in Absprache mit Ihrem Tierarzt zu verabrei-chen.

Fettschwanz:

Katerbesitzer wissen hiervon ein Lied zu singen: An der Oberseite des Schwanzes von der Wurzel zur Mitte hin laufend befinden sich Drüsen, die bei übermäßiger Talgproduktion eine fette Masse absondern und den Schwanz ungepflegt und schmierig aussehen lassen. Gegen diese Über-produktion gibt man Thuja D6 oder Calcium carbonicum D6 3×täglich für sieben bis zehn Tage. Um das Fett aus dem Schwanzfell zu lösen, hilft nur intensives Pudern mit Kartoffelmehl oder Babypuder und anschlie-ßendes Auskämmen.

Fieber:

Nicht nur als Infektions- und Fiebermittel ist Ferrum phosphoricum D4 oder D6, alle zwei Stunden gegeben, wunderbar hilfreich, sondern auch zur Behandlung von Bronchitis, Problemen beim Zahnwechsel und bei Eiterungsprozessen. Belladonna D4 oder D6, 3 bis 5×täglich verabreicht, bekämpft Infektionen. Bei stark erhöhter Temperatur immer den Tierarzt aufsuchen!

Furunkel: siehe Abszeß

Gesäugeentzündung:

Ist das Gesäuge ödemmäßig angeschwollen, gibt man 1 Gabe Apis D3 oder D4, 3 bis 5×täglich oder Apis-Homaccord (eine fertige Zusammenstellung von Heel) bis zu 6×täglich 6 bis 8 Tropfen. Bei hartem, schmerzhaft gespanntem Gesäuge durch Milchstau hilft Phytolacca D1– 3×täglich 1 Dosis für mehrere Tage.

Geschwür: siehe Abszeß

Haarausfall:

Der Pelz freilaufender Katzen erneuert sich bevorzugt im Frühjahr und Herbst. Bei unseren im Haus gehaltenen Tieren kann man davon ausgehen, daß der natürliche Haarwechsel meist vom Wohnklima (Heizungsluft im Winter, heißer Fensterplatz im Sommer) abhängig ist. Bei übernatürlich starkem Haarausfall, wenn das Fell spröde ist und seinen Glanz verliert, sollte man 2×täglich Acidum Phosphoricum D6 über 14 Tage geben. Bei hormonell bedingtem Haarausfall helfen Sepia D12 oder Thallium aceticum D6. Bei ernährungsbedingtem Haarausfall gibt man Natrium muriatum D12, 3×täglich.

Haut und Haar:

Bei Haarbruch gibt man Lycopodium D30, täglich abends 1 Tabl. Gegen Schuppen hilft Arsenicum Album D6 (auf blasser Haut) oder Sulfur D6 (auf geröteter Haut), 2 bis 3×täglich über 1 Woche. Haarausfall nach Krankheit behandelt man mit China D6–3×tägl. 10 Tropfen

Hautpilz: siehe Parasiten.

Herz und Kreislauf:

Probleme dieser Art hat man oft mit älteren Katzen. Aurumheel N – Tropfen und Cralonin (beides Heel) im Wechsel bis zu 6×täglich 6 bis 10 Tropfen wirken kreislaufunterstützend. Kommen Ödeme (Wasseransammlungen im Gewebe) hinzu, bezieht man Bryaconeel (Heel) in den Wechsel mit ein.

Hormonstörungen: siehe Rolligkeit, unregelmäßige und Haarausfall.

Impfreaktionen:

Bei gestörtem Allgemeinbefinden gibt man 1 Gabe Silicea D12, 2×täglich über drei bis vier Tage, bei örtlicher Schwellung 3×täglich Thuja D12.

Kreislaufmittel: siehe Herz und Kreislauf.

Leber:

Zur Kräftigung der Leberfunktionen Hepeel (Heel) oder Fluor de Piedra D4, 3 bis 5×täglich. Leberkrankheiten sollte in jedem Fall der Arzt behandeln.

Mangelerscheinungen: siehe Wachstum

Milben: siehe Parasiten

Nachbehandlungen:

Zur Entgiftung des Körpers nach vorangegangenen Behandlungen sollte man der Katze eine einmalige Dosis Sulfur D30 geben.

Parasiten:

Rundwürmer (Spul-, Haken-, Fadenwürmer) bekämpft man speziellen Präparaten, die man beim Tierarzt bekommt. Dies sind keine homöopathischen Wurmmittel! Als homöopathisches Spulwurmmittel gibt man über sieben bis zehn Tage 3×täglich Abronatum D3. Geriebene Möhren und Knoblauch (evtl. Kapseln) sind zur Vorbeugung und als Zusatzbehandlung sehr hilfreich. Gegen Bandwürmer setzt der Tierarzt ein zuverlässiges Spezialmittel ein, welches ausschließlich, aber sicher gegen alle Bandwurmarten hilft.

Bei Hautpilzerkrankungen kann ebenfalls nur der Tierarzt helfen. Als Zusatzbehandlung säubern Sie die infizierten Stellen mit Echinacea-Urtinktur.

Zur Behandlung von Flöhen setzt man Universal-Fluid von Fortan ein (es ist gut und ungefährlich, leider riecht es unangenehm).

Zur Bekämpfung von Milben gibt es kein wirksames Naturheilmittel. Man behandelt am besten mit Ohrentropfen vom Tierarzt und säubert nach Abschluß der Behandlung die Ohren mit Calendula. Auch bei Herbstgras- oder Demodexmilben hat nur der Tierarzt eine Behandlungschance.

Die Homöopathie gibt uns nur ein Mittel, welches die Haut der Katze unanfälliger gegen all diese Plagegeister macht: Sulfur D6, 3×täglich und danach einmalig die Hochpotenz Sulfur D200.

Psyche: siehe Verhaltensstörungen

Rolligkeit, unregelmäßige:

Wird Ihre Katze zu oft rollig, geben Sie ihr Murex purpureus C30 oder D30, 1×täglich über sieben bis zehn Tage. Will man eine Rolligkeit herbeiführen, gibt man entweder drei Tage hintereinander je 1 Tropfen E-Mulsin forte oder man entscheidet sich für Fertilisal (Dr. Assmann) täglich 10 Tropfen über zehn Tage.

Schnupfen:

Der Katzenschnupfen und seine Behandlungsmöglichkeiten wurde in diesem Buch schon beschrieben (siehe dort). Eine alltägliche Erkältung jedoch kann man mit Aconitum D6, 3×täglich über ein paar Tage, im Keim ersticken. Außerdem können Sie sich mit Ihrer Katze ein gemeinsames Kamillendampfbad gönnen. Erfahrungsgemäß hilft es nicht nur uns Menschen.

Schock:

Bei Schockzuständen z. B. nach Unfällen kann man der Katze helfen, indem man noch vor dem Weg zum Tierarzt eine Dosis Arnika montana D4 gibt. Auch als äußerlich anwendbares Mittel ist Arnikasalbe oder -tinktur zu empfehlen.

Stärkung:

Alfalfa-Urtinktur zehn Tage hintereinander täglich 10 Tropfen übers Futter geben, vier Wochen aussetzen und dann das gleiche wiederholen. Dies ist das Geheimrezept für meine Katzen. Es wirkt manchmal Wunder.

Tränenkanal:

Erkrankungen entstehen durch nicht korrekt ausgeheilte Augenerkrankungen oder auch Fremdkörper (Staub, Verletzung). Sie zeigen sich in permanentem Augentränen. Die Flüssigkeit kann nicht durch den Tränenkanal absickern, weil dieser verstopft ist. Pulsatilla D4 gibt man bei gelbem Exkrement, bis die Flüssigkeit klar ist. Dann gibt man eine Woche Silicea D12 (beides 3×täglich 1 Dosis).

Unfall: siehe Schock

Unpäßlichkeiten:

Katzen erbrechen gelegentlich, um verschluckte Haarballen und Gras wieder auszuscheiden. Daran ist nichts Krankhaftes, man sollte der Katze helfen, indem man ihr zeitweise etwas Katzen-Malt (Tierarzt, Zoohandlung) oder Fett (Öl, Butter, Margarine) gibt. Bei einfachem Brechreiz, resultierend aus einer Verdauungsstörung, hilft Ipecacuanha D6 3×täglich oder Nux vomica D6 mit Pulsatilla D4, abwechselnd 4×täglich.

Verhaltensstörungen:

Dies ist ein leidiges Thema, aber auch das sollten wir behandeln. Wenn ein neues Kätzchen bei Ihnen Einzug hält, ist es nicht selten traurig und hat Heimweh. Das homöopathische Heimwehmittel heißt Ignatia. In der Potenz C30 oder D30 wird es nur einen Tag 3×gegeben. Belladonna D30 gibt man zu Aggressionen neigenden Patienten und zwar 1×täglich, zehn Tage lang. Eine einzige Dosis Chamomilla D200 gibt man Streithähnen, die sich in Wirklichkeit nur aus Angst heraus anfeinden.

Verletzungen:

werden mit Calendula-Urtinktur vorsichtig gereinigt.

Verstopfung:

Nux vomica D6, alle zwei Stunden 1 Gabe, ist bei zu trockenem Stuhl angezeigt.

Wachstum:

Zur Entwicklung unterentwickelter Katzenkinder hilft Silicea D12, 1×täglich für eine Woche. Bei älteren Jungtieren kann der Tierarzt Catosal® injizieren. Sie können auch je 1 ml Catosal (kein homöopathisches Mittel) in eine Spritzampulle abfüllen und alle zwei Tage über zehn Tage oral eingeben.

Wunden:

Zur äußerlichen Wundbehandlung eignet sich Traumeel-Salbe (Heel), auch Arnikatinktur, Calendula-Urtinktur oder Calendula-Salbe sind hier angezeigt.

Innerliche Behandlung: siehe Schock.

Würmer: siehe Parasiten

Zahnfleischentzündung:

Gingisan®-Gel (Tierarzt) zum Einreiben auf Lefzen und Zahnfleisch ist sehr wirksam. Dr. Wolff empfiehlt hier zum Spülen der Mundhöhle Arnika-Urtinktur, Calendula-Urtinktur und Myrrhe-Urtinktur, je 5 g zu gleichen Teilen und davon 1 Teel. auf ein Glas warmes Wasser. Ich habe die besten Erfahrungen mit dieser Rezeptur gemacht und kann sie nur weiterempfehlen.

Zahnwechsel: siehe Fieber

Bach-Blütentherapie

Der englische Arzt Dr. Eduard Bach suchte vor mehr als fünfzig Jahren nach einer einfachen, natürlichen Heilmethode, bei der „nichts zerstört oder verändert werden braucht". Das Ergebnis dieser Studien ist die Bach-Blütentherapie, ein System von wäßrigen Pflanzenextrakten, welches heute von Naturheilkundlern als eine Art „Homöopathie für die Seele" eingesetzt wird. Bei den eingesetzten Pflanzen handelt es sich überwiegend um wild vorkommende Bäume und Gewächse wie Eiche, Ulme, Walnußbaum, Tausendgüldenkraut, Wegwarte, Stechginster oder Heckenrose. Sie besitzen nach Bach so viel Energie, daß sie den Körper von inneren Spannungen befreien können. Nebenwirkungen sind bisher nicht bekannt geworden. Ihr Tierarzt kann Sie auch diesbezüglich beraten.

Hausapotheke

– Angst oder Freude: Herbella® Nervennahrung/Spongia D6 – 3×tägl. 10 Tropfen; siehe auch Verhaltensstörungen
– Aufzuchtmilch: Gimpet./Ipevet./Eigene Herstellung aus : ¼ l 10%iger Dosenmilch, 1 gestrichener Teel. Traubenzucker, 3 Eßl. schwachen Kamillentee und 1 Tropfen Vigantol
– Aufzuchtmittel: Calcium carbonicum D6 oder D12 – 1×täglich. ½ Dosis; siehe auch Wachstum
– Ausstellungsstreß, Autofahrt: Halkan®-Zucker.
– Bluterguß: Traumisal
– Entwurmung: Panacur®-Tabletten/Flubenol-P®; s. auch Parasiten
– Erbrechen: Vomisal® – bei gleichzeitiger Verstopfung zusätzlich Rumisal®/bei Störungen des Magensäuregehaltes Pulsatilla D4 und Nux vomica D6 (das Tier einen Tag fasten lassen); siehe auch Unpäßlichkeiten
– Geburtsnachsorge: Pulsatilla D4, 1×täglich 1 Dosis über mehrere Tage/ Sabina D6 – 2×täglich 1 Dosis über mehrere Tage/Nymphosal® bei Uterusblutungen

- Geburtsvorsorge: Pulsatilla D4, 1×täglich 1 Dosis ab ca. 55. Tag/ Gravidisal®
- Impfnachwirkungen: Silicea D12; siehe Impfreaktionen
- Juckreiz (nicht bei Parasiten): Dermisal®/Staphylosal®
- Milchmangel: Lactovetsan/Urtica urens D30 – eine einmalige Gabe
- Milchüberschuß: Phytolacca D1 – 3×täglich über mehrere Tage/Urtica urens D6 – mehrmals täglich über mehrere Tage
- Rekonvaleszenz: zur Entgiftung Dermisal®
- Scheidenentzündung: Cantharis D6 – 3×täglich 1 Gabe für mehrere Tage
- Schuppen: Sulfur D6, 3×tägl.; siehe Haut und Haar
- Schwellungen: Traumisal®/Staphylosal®
- Stärkungsmittel: Alfalfa-Urtinktur; siehe Stärkung
- Verrenkungen: Distorsal®/Traumisal®/innerlich Arnica D3 im Wechsel mit Rhus toxicodendron D8 – im Wechsel alle zwei Stunden 10 Tropfen
- Wachstumsstörungen: Silicea D12/Osteosal®/Catosal®
- Wehenschwäche: Gravidisal®/Caulophyllum D6 und Secale cornutum D6 – im viertelstündlichen Wechsel je 1 Dosis.
- Wespenstich: Apis D6 – 5–6 Gaben auf ein bis zwei Stunden verteilt.
- Wundbehandlung: Calendula-Urtinktur/Calendula-Salbe/Johannis- krautöl/Arnika-Tinktur

Bunte Welt der Katzennamen

Diese drei Shepherdhome's Kitten haben schon ihre Namen: Belmondo, Belluna Julia und Big Ben. Züchter: Schäfer, Grünebach, Besitzer: Dr. Balken, Lemförde und Familie Wilke, Hilchenbach.

Schöne Katzen benötigen auch attraktive Namen. Ein Züchter gebraucht überwiegend klangvolle Namen von Helden, Kaisern und Königen, Göttern, Blumen usw. Bisweilen ist es für den neuen Besitzer schwer, das Kätzchen so zu rufen, wie es laut Ahnentafel heißt. Doch mit einiger Phantasie hat das Katzenkind schnell einen geeigneten Kosenamen. Nachfolgend habe ich meine eigene Namensammlung aufgeführt, die als kleine Anregung bei der Namensuche für Ihre Katzenkinder dienen kann.

Kater

A
Aaron
Abbo
Abel
Abélard
Abilo
Abraham
Absalom
Achat
Achatius
Achill
Achilles
Actor
Adalbero
Adam
Addi
Adelar
Adhémar
Ado
Adonis
Adrian
Adrien
Aeneas
Agamemnon
Agilo
Agin
Agnus
Ago
Aias
Aimé
Akim
Akrab
Akyro
Aladar
Alain
Alan

Alban
Albéric
Alberte
Albo
Aldebaran
Aldo
Alec
Aleko
Amaris
Alessio
Alex
Alexandre
Alexej
Alf
Alfonso
Alfredo
Alibaba
Alick
Aljoscha
Allan
Almar
Almo
Alois
Aloysius
Alphonse
Alvar
Alvo
Amadeo
Amadeus
Amadis
Amand
Amatus
Ambros
Amor
Amos
Anastas

Anatole
Ancus
Anders
Andi
Andor
Andres
Andrew
Andy
Angel's Kiss
Angelo
Anicet
Anisett
Anko
Anreé
Anselme
Antares
Anthony
Anton
Antonin
Antonio
Antonius
Antti
Anzo
Apatsche
Apoll
Aquavit
Aragon
Aramis
Aras
Arcady
Archibald
Arian
Aristide
Armagnac
Armand
Arnaud

Arniko
Arnould
Arrie
Arthur
Artus
Arvid
Ary
Ashramun
Askan
Asterix
Astor
Athanas
Athos
Attila
Aturos
Aubin
Augustin
Augustus
Aurel
Aurélien
Austin
Avanti
Avit
Axel
Aye
Ayko
Aymar
Aymeric
Aznavour
Azzam
Azzo

B
Baal
Bacardi
Baccarat
Baghiro
Bajazzo

Baldo
Balduin
Balthazar
Bandit
Banjo
Banou
Baptiste
Bardo
Bardolino
Barnabas
Barnabé
Barnd
Barnet
Barny
Barolo
Baronne
Barrabas
Barracuda
Barry
Barthélémy
Bartholomäus
Barto
Bartolomeo
Baruch
Basile
Basilius
Bastian
Bastien
Baudouin
Beary
Beaujolais
Beethoven
Bel Ami
Belay Boy
Belmondo
Ben Caesar
Bendix
Bénédicte

Bengel
Benjamin
Bennet
Benny
Beppo
Berend
Berlioz
Bernard
Bernardin
Berno
Bernstein
Bero
Bertil
Bertrand
Beryll
Billy
Bino
Black Jack
Blackberry
Blasius
Blue Jack
Blue Moon
Blue-Andy
Bo
Bobby
Boccaccio
Bonanza
Bonbon
Boniface
Bonifaz
Bonjour
Boomer
Boomerang
Boomy
Bordeaux
Boris
Borvin
Botho

Bourbon
Boy
Bozo
Branco
Brandy
Brendan
Brian
Brice
Bronco
Bronx
Brooklyn
Bruce
Brume
Brummel
Bruno
Bullshot
Buona Cera
Burgunder

C
Caballero
Cabernet
Cacharel
Cäcilius
Cactus
Caesar
Caj
Cajetan
Calando
Caligula
Calimero
Calin
Calinichta
Callisto
Calvados
Camaro
Camillo
Campari

Campino
Candido
Captain
Capuccino
Caracalla
Carel
Carlos
Carol
Carolus
Cartouche
Carus
Caruso
Casanova
Cäsar
Casimir
Cassian
Cassius
Castor
Cato
Cécil
Cedric
Centurio
Cepetto
Cervino
Césaire
Chagall
Chambord
Champagner
Chanel
Chantré
Charles
Charly
Charmeur
Charming
Charon
Chateauneuf
Cheri
Cherokee

Cherry
Cherryl
Cherubin
Chico
Chikago Cooler
Chouchou
Christophe
Chutney
Chybak
Cicek
Cicero
Claret Sour
Claude
Clemens
Clown
Cocosflip
Colomban
Colombe
Colonel Collins
Colorado
Columbo
Columbus
Comet
Commander
Constant
Constantin
Conversano
Cooky
Corentin
Coriander
Couscous
Crazy
Creole
Crillon
Crimson
Crosby
Cuba Libre
Cubano

Cujo
Cumquats
Curd
Custard
Cyprien
Cyriac
Cyrill

D
Dacapo
Dädalus
Daddy Blue
Daddy Cool
Dag
Dagino
Dagobert
Dain
Daiquiri
Damian
Damis
Dan
Danico
Daniel
Dano
Darani
Darius
David
Davidoff
Davis
Davy
Daydream
Dean
Demetrius
Denis
Dennis
Deno
Derby
Derek

Derrick
Desiré
Dhari Khan
Diabolo
Diadem
Diamant
Diamond
Dick
Diddo
Diego
Dike
Dimitri
Dimo
Dino
Dionys
Dionysius
Disney
Dito
Dix
Django
Dodo
Dolcetto
Dombo
Domenico
Dominic
Domino
Domitian
Don Camillo
Don Carlos
Don Juan
Don Quichote
Donald
Donar
Donato
Dorian
Dothias
Dr. Dolittle
Dr. Schiwago

Dreamy
Drees
Ducko
Dudu
Dujardin
Dumbo
Dyke
Dynamit

E
Earl
Ebbo
Ed
Eddie
Ede
Edgar
Edler
Edmond
Edouard
Edzard
Efrem
Egilo
Egino
Eiko
Einar
El Lute
Elert
Elgo
Elias
Elie
Elio
Elmo
Elody
Eloi
Elton
Elvis
Emanuel
Emeran

Emile	Faragon	Frascati
Emilien	Faust	Freddy
Emilio	Faustino	Frédéric
Emory	Faustus	Fredo
Enders	Favorit	Frerik
Endric	Feisal	Frou Frou
Enrico	Félicien	Fulko
Enzio	Felix	Futurity
Enzo	Ferdinand	Fuzzi
Ephraim	Ferenc	
Erek	Fernand	**G**
Eric	Fernandino	Gabor
Erko	Fernando	Gabriel
Ernest	Ferry	Gagarin
Eros	Festus	Galadriel
Esmor	Fidèle	Galan
Espresso	Fidelio	Ganove
Esra	Filippo	Garfield
Etcetera	Filou	Garlef
Etien	Firefly	Garlieb
Eton Blazer	Fireman	Garrit
Etzel	Firewind	Gary
Eugen	Fjodor	Gaspar
Eumel	Flash	Gaspard
Evrard	Flavian	Gasparo
Eyko	Flavio	Gasparone
Ezra	Flo	Gaston
Ezzo	Florent	Gauner
	Florentino	Gaylord
F	Florian	Genever
Fabian	Fortun	Genius
Fabien	Fortunant	Gentleman
Fabio	Frajo	Geoffroy
Fabrizio	Francis	Georges
Falco	Franck	Georgino
Fano	Franklin	Gérald
Fantasiro	Franz	Gérard
Fantaso	Franziskus	Gerit

Germain	Gorki	Heiko
Germo	Gorsky	Henry
Gervais	Götz	Herald
Gerwin	Grashopper	Herkules
Géry	Grazian	Hermance
Ghislain	Greatest Hit	Hermes
Gibli	Grischa	Hermo
Gibson	Grizmo	Hero
Gideon	Guido	Heronimus
Gigant	Guilio	Heros
Gigolo	Guillaume	Herzbube
Gilbert	Gulliver	Hieronymus
Gildo	Guy	Hildor
Gilles	Gwendolin	Hilmar
Gin Cobbler	Gwyn	Hokuspokus
Gin Fizz		Honey Bear
Gin Flip	**H**	Honko
Gin Tonic	Hadamar	Honoré
Gino	Hadrian	Honorius
Gion	Hagen	Hooligan
Giovanni	Haimo	Horatio
Giraldo	Haio	Hosea
Gislain	Halli Galli	Houston
Giso	Hallodri	Hubert
Glenn	Halunke	Hucklebuck
Glorius	Halvor	Hugo
Goethe	Hamlet	Humbert
Gogotin	Hannibal	Hunter
Golden Dawn	Hansi	Hyazinth
Golden Fizz	Hardi	
Goldjunge	Harlekin	**I**
Goldlack	Harro	Ibo
Goldschatz	Hasard	Ibrahim
Goldy	Hasso	Idebar
Goliath	Haye	Idefix
Good Luck	Hazir	Idris
Gordon	Heartbreaker	Igino
Gorgonzola	Hector	Ignace

Ignatius
Igor
Ihno
Ikarus
Ilefons
Ilja
Iljuschin
Illo
Immanuel
Immo
Imo
Ingo
Ingvar
Inko
Innocenz
Iring
Isaak
Isbert
Iselin
Isger
Isidor
Ismael
Ismar
Iso
Istvan
Ithamar
Ithos
Ivan
Ivanhoe
Iver
Iwan
Iwo

J
Jaan
Jacinthe
Jack
Jacob

Jacques
Jago
James
Jan
Janek
Janis
Janko
Jann
Jannik
Janno
Jano
Janos
Jaro
Jascha
Jaschma
Jasper
Jean
Jeff
Jeldrik
Jeremias
Jérémie
Jeremy
Jérôme
Jeronimus
Jerrit
Jerry
Jesko
Jesse James
Jim Knopf
Jimmy
Jirko
Jo
Jockel
Jocky
Jocky Joke
Joe
Joel
John

John Collins
Johnny
Johnson
Jojo
Joker
Joky
Jonas
Jonath
Jonathan
Jonko
Jonni
Jordan
Jorin
Joris
Jorma
Jorrit
Jos
Joscha
José
Josef
Josias
Jost
Josua
Josy
Jovan
Juan
Juanito
Judas
Jules
Julien
Julius
Junior
Jupiter
Jupp
Justin
Justus

K

Kaddy
Kado
Kai
Kaie
Kajan
Kajetan
Kajus
Kalle
Kalman
Kambyses
Kamillo
Kamsin
Kanut
Kardinal
Karel
Karol
Karoly
Karysius
Kasimir
Kaspar
Kastor
Kaviar
Kay
Keith
Ken
Kenneth
Kenny
Kermit
Kerry
Kevin
Kilian
Kim
Kimba
Klabauti
Klaudius
Kleiner Bär
Kobold

Kolja
Konfetti
Kong
Konrad
Konstantin
Kornel
Kornelius
Kosak
Kosimo
Kostia
Krambambuli
Krim
Krishna
Krispin
Krister
Kuba Libre
Kudos
Kunibert
Kuno
Kurt
Kwass
Kyrill
Kyrillos
Kyros

L

Laci
Lacki
Ladislaus
Lado
Lagerfeld
Lajos
Lalone
Lambert
Lancelot
Lando
Larry
Lasio

Laslo
Laszlo
Laurent
Laurentius
Laurenz
Laurin
Layos
Lazar
Lazarus
Leander
Léhar
Leo
Léon
Leonardo
Léonce
Leone
Leonid
Leopold
Lester
Lev
Levin
Lewis
Lex
Linus
Lion
Lionardo
Lionel
Litschi
Little Prince
Livion
Loi
Lois
Looby Lu
Loredo
Loretto
Lotos
Lou
Louis

Abb. 19: Hamingja vom Bröltal, EKH Seal-point,
Züchter/Besitzer: Meinhardt, Windeck.

Abb. 20: Erwachsene Kartäuser sind ausgeglichene, ruhige Katzen.

Abb. 21: Nicole vom Blauen Saphir, Kartäuser, Züchter/Besitzer: Kölzer, Wissen.

Abb. 22: Moonshadow's Zenith, Silver-Shaded, Züchter/Besitzer: Stein, Köln.

Abb. 23: „Leander räumt ab ..." Besitzer: Ferenczy, Langenselbold.

Abb. 24: Bicolour Kitten „vom Blauen Berg", Züchter: Berg, Dortmund.

Lovely Boy
Lovis
Loy
Luc
Lucas
Lucian
Lucien
Lucius
Lucky Luke
Ludo
Ludovic
Luigi
Luis
Luke
Lutz
Lux
Luzian
Luzifer
Lysander

M
Mackintosh
Macon
Madeiraflip
Madison
Magnum
Magnus
Maik
Malte
Malteser
Mandschou
Manhattan
Mani
Manitu
Manjana
Manolito
Manu
Manuel

Marc
Marcel
Marcellin
Marco
Marcus
Marek
Margeaux
Marian
Marius
Mark Twain
Markus
Marquis
Mars
Marsala
Martin
Martinet
Martini
Marvin
Masai
Mason
Massu
Massys
Mathieu
Matisse
Matthäus
Maurice
Mauriz
Maurus
Max
Maxime
Maximilian
Maxwell
Mayar
Mayo
Mc Cansey
Mc Cartny
Medicus
Melchior

Melvin
Memorian
Merkur
Merkurius
Merlijn
Merlin
Merlot
Micha
Michel
Michelangelo
Michener
Michigan
Midas
Mignon
Miguel
Mihai
Mike
Mikola
Milan
Milenko
Milian
Mingo
Mississippi
Mistral
Mitja
Mocca
Mommo
Momo
Monami
Monamour
Monchichou
Monchico
Monsun
Monte Carlo
Montgomery
Monti
Morgan
Moritz

Morning Glory
Morris
Moses
Mozart
Muni
Muscadet
Mussaka
Mussolini
My Friend
My Lord
Myrdal
Myron

N
Nabor
Nahum
Nando
Nanno
Nante
Napoleon
Nathan
Nathanael
Nawajo
Nebomuk
Nehemia
Nepomuk
Neptun
Nero
Nestor
Nicky
Nicodemo
Nicolai
Nicolas
Nicolin
Nightkiss
Niki
Nikita
Nikolaschka

Nikos
Nils
Ninja
Nino
Ninon
Noah
Nobody
Noé
Norman

O
Oberon
Octavian
Octavius
Odysseus
Oedipus
Oedipussy
Ohara
Ohio
Olav
Ole
Oliver
Olivier
Olly
Olymp
Olympus
Omar
Omega
Omer
Onassis
Onkel Ben
Onyx
Ora
Orakel
Orbison
Orlando
Orpheus
Orry

Oscar
Osmar
Ossy
Oswald
Othello
Otti
Ottifant
Ouwano
Owe

P
Paavo
Pablo
Paddy
Paganini
Pal
Pan
Paolo
Papagallo
Papageno
Paradise Boy
Paradiso
Parsimonius
Parsival
Parzival
Pascal
Pascha
Paschalis
Passat
Patricius
Patrick
Paul
Paulinus
Paulus
Pawel
Pay
Pedro
Peer

Pepe
Pepino
Pepito
Pepone
Peppo
Percy
Perez
Pernod
Pero
Perry
Perseus
Peter Pan
Petrus
Philipp
Philo
Picasso
Piero
Piet
Pino
Pius
Pjotr
Pol
Poldy
Pole Pole
Pollux
Porto
Primus
Prinz
Priscus
Propper
Prosper
Prosperus
Puck
Puma

Q
Q-Mpel
Q-Nibert

Q-No
Q-Si
Quando
Quasimero
Quasimodo
Quax
Quecksilber
Quengel
Quentin
Quercy
Questino
Qui Vive
Quiche
Quichote
Quickstep
Quinki
Quint
Quintinus
Quintus
Quirando
Quirin
Quirinus
Quiz

R
Ra
Raban
Rabanus
Racker
Radenko
Rafael
Rai
Raimo
Raja
Ramano
Rambo
Ramir
Ramon

Ramses
Randal
Rando
Randy
Rantanplan
Raoul
Raphael
Rasmus
Rasputin
Räuber
Ray
Raymond
Regino
Régis
Reiko
Reimo
Reinar
Reja
Remaud
Rembrandt
Remi
Remington
Remus
Remy
Renatus
René
Renja
Rex
Reymond
Rialto
Ricard
Ricardo
Ricco
Richard
Ricky
Rigo
Rigoletto
Rinaldo

Ringo
Rix
Rob Roy
Robby
Roberte
Robin Hood
Robinson
Rocco
Rochus
Rocky
Rodolphe
Rodriges
Romain
Romak
Roman
Romani
Romeo
Romero
Romulus
Ron
Ronald
Ronaldo
Ronny
Ronronner
Rosmarin
Rossini
Rothschild
Rowdy
Roy
Rubbel
Rubin
Rumba
Ruppert
Rurik
Ruven

S
Sacha

Sachar
Safran
Salentin
Salomo
Salomon
Salvatore
Samson
Samsum
Samuel
Sandokan
Sandor
Sandro
Sandy
Sangria
Santiago
Santo
Sapajou
Saratoga
Sascha
Sasso
Saturnin
Saturnius
Saul
Schatzi
Schiller
Scotch
Sebastian
Sébastien
Semjon
Seraphin
Serenus
Serge
Sergej
Servas
Séverin
Shalako
Shandro
Shariel

Shazzam
Sheherazad
Sherry
Shirgan
Shogun
Sibo
Sidney
Sigi
Sigilo
Sigo
Silko Silvaner
Silvio
Simba
Simon
Simson
Sinclair
Sindbad
Sinouhe
Sixtus
Skylight
Snob
Snoepy
Sokrates
Solo
Sonnenschein
Sonny Boy
Spitzbub
Sputnik
Stachus
Stanislaw
Stanley
Star
Stéphane
Steven
Stinnes
Stoffel
Strauss
Stromer

Stuart
Sultan
Sunny
Sunshine
Sylvain

T
Tabaluga
Taddäus
Tagino
Taifun
Talisman
Tamao
Tammo
Tango
Tanguy
Taps
Tarek
Tarisius
Tassilo
Tasso
Taylor
Ted
Teddy
Teddybär
Tell
Teodolius
Tequila
Terence
Teufelskerl
Thaddäus
Theobald
Theodor
Theophil
Theopont
Thibaut
Thiemo
Thierry

Thilo
Thoralf
Thymian
Tiberius
Ticker
Tictac
Tido
Till
Tillo
Tim Frazer
Tim Taler
Timbale
Timmy
Timo
Timofej
Timothé
Timotheus
Tino
Titus
Tobi
Tobias
Tokajer
Tokyo
Tolpatsch
Tom
Tommy
Tonio
Tony
Tootsey
Topinambur
Tournedo
Tracy
Tramp
Travolta
Treffer
Tristan
Trojan
Troll

Tropus
Trotzkopf
Troubadour
Trumpf
Trutz
Tschatscha
Turdilli
Turron
Twist
Tycho

U
Ubbo
Udo
Ueli
Ugo
Ugolino
Ule
Ulfo
Uljan
Ullofah
Ultimo
Umberto
Uncle Jo
Ungaro
Union Jack
Uranus
Uras
Urbain
Urban
Uri
Urias
Uriel
Urricane
Urs
Ursus
Ustinow
Utan

Uto

Utz

Uwo

V

Vagabund

Valentin

Valentino

Valère

Valerian

Vanja

Varenyki

Vasco

Vasja

Velvet

Ventur

Verdi

Verführer

Vesuv

Vicente

Vico

Victor

Victory

Vigoleis

Viktorius

Vincent

Vino

Vitalis

Vittorio

Vitus

Vivacius

Vivaldi

Vivien

Vladimir

Volko

Voltaire

Vulcano

Vulkan

W

Wacholder

Wagner

Waldo

Walo

Walzer

Wanja

Wanko

Warner

Wasja

Wassili

Wenceslas

Wendel

Wendelin

Wenzel

Wenzeslaus

Wermut

Werner

Werno

Whisky

Wibo

Wigo

Wil

William

Willibald

Willy

Wim

Windsong

Winner

Wladimir

Wodka

Wolf

Wuffel

Wuschel

Wyn

X

Xamba

Xander

Xaver

Xaverius

Xavier

Xenion

Xenius

Xenos

Xerxes

Xino

Xodus

Y

Yalanki

Yan

Yankee

Yann

Yannick

Yasai

Yesterday

Yngve

Yocky

Yoko

Yolando

Yorik

Yorky

Youry

Yule

Yulio

Yvan

Yves

Yvo

Yvon

Z

Zabaione
Zacharias
Zachäus
Zalou
Zampano
Zarewitsch
Zaster
Zenó

Zenobio
Zenodotus
Zenon
Zenz
Zéphyrin
Zeppelin
Zeratus
Zero
Zeus

Zigeuner
Zips
Zocker
Zoltan
Zorro
Zwirn
Zyprian
Zyriakus

Katzen

A
Abby
Abélia
Abelina
Abella
Abendsonne
Abigail
Abondance
Abracadabra
Acropolis
Ada
Addy
Adèle
Adeline
Adessa
Adonia
Adriana
Adrienne
Aetna
Afra
Agathe
Aida
Aimee
Aischa
Akimba
Akira
Alda
Aldona
Alene
Alenka
Alessa
Aletta
Alexa
Alexis
Alida
Alietta

Alina
Alinda
Alisa
Alison
Alissia
Alix
Alja
Alkmene
Alpha
Amarena
Amaryllis
Amata
Amber
Ambra
Amédée
Amica
Amore
Amour
Amra
Amuna
Anais
Anastasia
Anchovis
Andromeda
Angèle
Angelica
Angelina
Angelique
Angie
Anjani
Anjuly
Ann-Cindy
Annabel
Annabelle
Annick
Annika

Annina
Anora
Anouchka
Anouk
Anouska
Antigone
Antonietta
Aphrodite
Apolline
Arabella
Arabeske
Arcadia
Arcilla
Ariadne
Ariane
Arielle
Aristine
Arjella
Arlette
Arosa
Artemis
Ashley
Asja
Assindia
Athene
Ätna
Audrey
Aurèlia
Aurora
Ava
Aviana
Aviette
Axelle
Axinia
Ayesha
Ayke

Ayla
Aymone

B
Babaresca
Babette
Babsy
Baccara
Bagatelle
Balalaika
Balbine
Baline
Ballade
Ballantine
Bambola
Barbarella
Barbina
Barby
Barcarole
Baronesse
Bastella
Bastet
Bastienne
Bea
Béatrice
Belinda
Berenice
Bernadette
Bianca
Bienvenue
Bijou
Bilytis
Binga
Blanche
Blandine
Blondy Milk
Bloody Mary
Blue Angel

Blue Flame
Blue Fleur
Blue Magic
Blue Mascot
Blue Orchid
Bonanza
Bonaventura
Bonita
Bonna
Bora
Brida
Bridget
Brinka
Brisana
Brise
Bronja
Brosana
Bruna
Bubastine
Bubastis
Bumble Bee
Butterfly

C
Calinka
Calla
Camilla
Candida
Candy
Caprice
Caramel
Caramia
Carina
Carmen
Carmina
Carole
Carolin
Carry

Cascade
Cassata
Cassiope
Cassiopeia
Cat My Love
Cataline
Catherine
Cathia
Catina
Cécila
Célia
Célina
Cencilla
Ceres
Chablis
Champagne
Chandra
Chanel
Chanelle
Chantal
Charisma
Charitin
Charmingcat
Cherie
Chiara
Chica
Chila
Chilja
Chilli
Chita
Chloe
Chou Chou
Christelle
Chybah
Cia
Cibelle
Cilla
Cinah

Cinderella
Cindy
Cinja
Cissy
Citty
Claire
Clara
Clarissa
Claudette
Claudine
Clematis
Clementine
Cleopatra
Clio
Clivia
Cocktail
Colette
Comtesse
Concordia
Conny
Constance
Coralie
Coraline
Coramaya
Cordelia
Cordon Bleu
Coretta
Corina
Corinne
Cortina
Cosima
Creation
Cubaine
Cyra

D
Daimo
Daisy

Daliah
Damaris
Dana
Danart
Danela
Danica
Danièle
Danielle
Danila
Danja
Dany
Daphne
Darja
Davida
Davina
Dayana
Dea
Debby
Deborah
Delilah
Delphine
Demeter
Demetia
Denise
Derby
Desdemona
Desidera
Desiree
Destinie
Diana
Dija
Dilia
Dina
Dionne
Dionysa
Disco Queen
Diva
Dixie

Dolina
Dolitai
Dolly
Dolores
Domenica
Dominique
Donata
Donna
Dora
Doreen
Dorothee
Douchka
Dreamgirl
Dunja
Dyana

E
Edelweiß
Edina
Effendi
Ehmi
Eileen
Eina
Eirene
Eisha
Ela
Elektra
Elena
Elfi
Eliana
Eliza
Elodie
Elvia
Elvire
Emanouchka
Emanuela
Emily
Emory

Emotion
Engelchen
Enya
Eos
Ephigenie
Episode
Eroica
Esmiralda
Esperanza
Esrah
Esta
Estelle
Esther
Etamine
Euclide
Eurasia
Euridike
Europa
Evelyne
Evy
Ewa

F
Fabia
Fabienne
Fabrice
Fabrizia
Faijoada
Falca
Fancy
Fanjuska
Fanny
Fantaghiro
Fantasia
Fantasy
Farah
Farina
Fatima

Fatsy
Fausta
Fee
Felicia
Félicienne
Felicitas
Félicité
Felissa
Fenja
Feodora
Fermata
Fina
Finessa
Finetta
Flämmchen
Flamme
Flaxy
Flöckchen
Florence
Floria
Florine
Fonduta
Fortuna
Foxi
Franzi
Franziska
Freisa
Freya
Fronie
Funny Girl
Futurity

G
Gabrielle
Gaby
Galanka
Galaxie
Galina

Gamay
Ganja
Gava
Geli
Geneviève
Genia
Georgette
Georgia
Georgina
Germaine
Ghislaine
Gianna
Gigi
Gina
Ginette
Ginger
Ginny
Giona
Giovanna
Gipsy-Girl
Giulia
Glenda
Glitter
Gloria
Golden Girl
Golden Lady
Graciella
Grande Duchesse
Grazia

H
Habanera
Happy Joy
Harmonie
Havanera
Haya
Helena
Helia

Hera
Herdis
Hermance
Hilka
Hippie Girl
Holiday
Holly
Honey
Honeybee
Hortense
Hot Loc
Hot Sugar
Hot Toddy
Hotdog
Huguette
Hummelchen

I
I-Tupf
Icecream
Idis
Iduna
Idylle
Ileana
Ilka
Illusion
Ina
India
Indra
Inga
Inger
Inja
Inspiration
Ironie
Isabelle
Isayama
Isidora
Isis

Iska
Ivanja
Ivette
Ivy

J
Jacintha
Jackie
Jacqueline
Jacquetta
Jama
Jamaica
Jane
Janett
Janika
Janina
Janna
Jasmin
Jeanette
Jeanne
Jeannine
Jeanny
Jelena
Jelenka
Jennifer
Jenny
Jermaine
Jerra
Jessica
Jessy
Jill
Jindra
Jitka
Joana
Joelle
Jolanda
Jolly
Josephine

Josiana
Josy
Jovanka
Jovita
Joy
Juana
Juanita
Jula
Julia
Julie
Julienne
Juliette
Justine

K
Kai
Kamilla
Kandida
Kareen
Karena
Karinka
Karolin
Karolyi
Kassandra
Kata
Katia
Katinka
Katjuscha
Katy
Kaya
Kea
Khira
Kim
Kima
Kimberley
Kissmekate
Klarina
Klarissa

Klea
Klivia
Konfetti
Konkordia
Kora
Kordelia
Korinna
Kosima
Kosy
Kyra

L
Lady Brown
Laila
Lala
Lana
Larissa
Laura
Lava
Lea
Leandra
Leda
Lelia
Leonarda
Léone
Lèontine
Leony
Lesly
Li
Lia
Liane
Lil
Lilian
Linda
Lisette
Lissy
Livia
Liza

Loana
Lola
Lolita
Lollipop
Lollo
Lorelei
Louisa
Loulou
Lovelygirl
Luca
Luciana
Lucie
Lucienne
Lucile
Lucina
Ludmilla
Lullaby
Lulu
Luna
Lysa

M
Madeleine
Madonna
Mady
Mae
Magali
Maggy
Magie
Magnolia
Mahaya
Maika
Maja
Malaika
Malanka
Malawi
Mali
Malinda

Mandy
Manjana
Mara
Marcelle
Marcelline
Marcia
Mareen
Marguerite
Mariechen
Marielle
Marietta
Marilyn
Marinda
Maris
Marjorie
Martine
Mary Lou
Marylin
Marylise
Maryse
Maryvonne
Mascha
Mata Hari
Maya
Melanie
Melina
Melinda
Melissa
Melodie
Melodram
Melony
Melou
Memory
Mercedes
Merle
Mieze
Milène
Minerva

Minoschka	Nancy	Odscha
Minou	Nanda	Oktavia
Mira	Nanina	Olana
Mirabeau	Naomi	Olga
Miracle	Nastasja	Olia
Mirakel	Natalie	Olinda
Miranda	Natascha	Olinka
Mireille	Nelly	Oliva
Mirella	Nessy	Olivera
Mirjam	Nesthäkchen	Olivia
Mirka	Netty	Olla Podrida
Mirl	Nicla	Olympia
Mitsu	Nicodema	Oona
Mizzy	Nicole	Ophelia
Molly	Nicolette	Orana
Mona	Nicy	Orchidee
Monalisa	Night Kiss	Oriane
Monchichi	Nikolaschka	Orla
Monia	Nina	Osita
Monique	Ninette	Ota
Moonlight	Ninifee	Oxana
Morning Glory	Ninon	Ozeana
Mozzarella	Noelle	
Mura	Nofretete	**P**
Muriel	Nona	Palja
Mussaká	Nonara	Palmira
Myra	Nora	Paloma
Myria	Norina	Pamela
Myriam	Norma	Pamina
Myrthe	Nuria	Pandora
		Panja
N	**O**	Paola
Nabucco	Ocanda	Papaya
Nada	Octavia	Paprika
Nadia	Oda	Pascale
Nadine	Odessa	Patricia
Nalia	Odette	Patty
Nana	Odila	Paulette

Pauline
Pearly
Peggy
Penelope
Pepita
Pepperoni
Peppina
Perdita
Pernilla
Perpetua
Perry
Petrissa
Petronia
Phila
Philine
Philippa
Pia
Piata
Pick Me Up
Pierrette
Pilar
Pipi
Pippa
Piroschka
Poldy
Polly
Poussecat
Prestige
Pretty Woman
Prinzess
Priscilla
Priska
Provence
Pünktchen

Q
Qualle
Quatschi

Quaxi
Quecksilber
Queeny
Quentina
Quiche Lorraine
Quietschi
Quimperly
Quinkle
Quirina
Quirly

R
Rabea
Rachel
Racket
Rada
Rafaela
Ragna
Rahel
Raima
Raina
Ramina
Ramona
Rapsodie
Reah
Rebecca
Reja
Rejana
Reni
Rhapsody
Rhea
Ria
Rica
Riccarda
Rieke
Rina
Rinalda
Risi Bisi

Romana
Romea
Rona
Ronja
Rosalie
Rose
Roseline
Rosetta
Rosine
Rosy
Roussah
Rowena
Roxanne
Rubirosa
Ruby
Runa

S
Sabrina
Sadie
Salka
Sally
Saloa
Salome
Salva
Salvina
Samantha
Samira
Samsa
Sandy
Sangria
Sanja
Santa Fe
Saphira
Sara
Sarabee
Sashka
Saskia

Sayonara
Scampi
Scarlet
Schoco
Schorle Morle
Selene
Selina
Sensation
Senta
Seraphine
Serena
Severa
Severine
Shaila
Sheba
Sheena
Sheewa
Sheherazade
Sheila
Shera
Sherry
Shica
Shirley
Shoama
Shoorva
Sibyl
Sidonie
Silja
Silky
Silva
Simone
Sina
Sinfonie
Siri
Sissi
Siv
Sixta
Snowball Fizz

Soda
Sonate
Sonia
Spaghetti
Springtime
Starlight
Sternchen
Sugar Baby
Suleika
Sulena
Sultanine
Sunflower
Sunset Strip
Superstar
Susa
Susen
Sushi
Susy
Suzanne
Svenja
Sveva
Sweetheart
Sylvaine
Sylvana
Sylvie
Syra

T
Tabea
Tabitha
Taiga
Taina
Talea
Taletta
Talida
Tamara
Tamina
Tania

Tanya
Tapioka
Tapsi
Tara
Tasja
Tata
Tatanka
Tatjana
Terra
Terry
Terzia
Tessy
Thaddäa
Thamina
Theres
Thona
Thora
Thorina
Tiffani
Tiffy
Tina
Tiramisu
Tirza
Titiana
Tizia
Tiziana
Toi Toi
Toinette
Tonia
Tonika
Topas
Topsy
Tora
Tosca
Tosja
Twiggi
Tyra

U
Uda
Ukulele
Ula
Uletta
Uljana
Una
Undine
Unica
Ura
Urania
Urielle
Ursa
Ursina
Usambara
Uta
Utile
Utopie

V
Valenta
Valentina
Valeria
Valérie
Valeska
Vanadis
Vanda
Vanessa
Vania
Vanina
Vanity
Vanja
Vanna
Varinka
Vasja
Velvet
Venus
Vera

Verena
Verita
Veronique
Vicky
Victoria
Victorine
Victory
Viginia
Vinciane
Viola
Violetta
Virgenie
Virginie
Vita
Vivette
Vivian
Vivienne
Vreana
Vreni
Vroni
Vulkana

W
Wala
Walda
Walinka
Wanda
Wandy
Warja
Weda
Wega
Wencke
Wendeline
Wera
Werina
Wiba
Wibke
Wickie

Wildcat
Wilja
Wilma
Wina
Winnie
Wissia
Witta
Wonder
Wynie

X
Xandra
Xantia
Xaveria
Xaverine
Xavière
Xaya
Xenia
Xerxis
Xetta
Xina
Xochill
X-Rabas

Y
Yakima
Yanna
Yannika
Yasar
Yasmin
Yoanita
Yoko
Yola
Yolanda
Yva
Yvette
Yvonne

Z

Zahra
Zalona
Zalva
Zamba
Zaphire

Zarina
Zella
Zenzi
Zephelia
Zilia
Zilly

Zippora
Zirza
Zissy
Zita
Zoé
Zsa Zsa

Anhang

Fachbegriffe von A bis Z

Abort: Abortus, Fehlgeburt; verläuft im Frühstadium der Schwangerschaft meistens unbeachtet, im Spätstadium unter Wehen; siehe auch Frühgeburt

Abzeichen: siehe Points

Ahnentafel: Stammbaum; ist der Abstammungsbeweis einer Rassekatze und beinhaltet vier Ahnen-Generationen

Allele: Erbanlage-Paarlinge (einander entsprechende Gene eines Chromosomenpaares)

Allergen: Antigen, das eine Allergie hervorruft

Allergie: Verändertes Reaktionsverhalten des Organismus; ausgelöst durch verschiedene Allergene

Anomalie: Abweichung von der Regelmäßigkeit; meist angeborener Schaden, zum Beispiel innerer Organe oder des Skeletts.

Anorchismus: angeborenes Fehlen eines (selten auch beider) Hoden

Atelektase: unvollständige oder fehlende Entfaltung der Lunge bei Frühgeburten

Atresie: angeborener Verschluß einer Öffnung, die normalerweise vorhanden ist, zum Beispiel ein fehlender Darmausgang

ausmendeln: Aufspalten des Erbgutes gemäß des Mendelschen Gesetzes

Babyfell: der etwas flauschigere Pelz eines Jungtieres; siehe auch Grannenhaar

Brunst: durch Hormone gesteuerte Paarungsbereitschaft der weiblichen Katze , Rolligkeit

Carrier: Erbträgertier; bestimmte Erbanlagen tragend

Chromatiden: erbgleiche Hälften eines Chromosoms

Chromosomen: Genträger; jedes Chromosom enthält zahlreiche Gene

Deckakt: Paarung

Dominant: sich sichtbar durchsetzende Erbmasse

Eifollikel: Kapseln am Eierstock, in denen das Ei reift

Eklampsie: akute Stoffwechselstörung nach der Geburt, die dringend tierärztlicher Hilfe bedarf. Anzeichen sind Krampfanfälle, Zuckungen, Gehstörungen bis hin zur Ohnmacht

Embryo: die Frucht vor der Geburt

Enophthalmus: Zurücksinken des Auges in die Höhlen; abnormes Tiefliegen der Augäpfel

Entropium: Rollid (eingerollte Augenlider); die Lider rollen sich zu den Augen hin nach innen, und es kommt durch Behinderungen (Reiben) der Wimpern im Auge zu Tränenfluß. Operation möglich.

Enzyme: Vom Körper gebildete Eiweißstoffe, die innerliche Körperfunktionen erst ermöglichen und im Gleichgewicht halten (Fermente)

Erbanlage: Beschaffenheit oder Eigenschaft der Erbmasse

Eugenik: Zum Ziel der Erbgutverbesserung angewandte Vererbungslehre („Eu-" ist gleichzusetzen mit angenehm, gut, richtig)

Fading Kittens Syndrome: plötzlicher Jungtiertod innerhalb der ersten beiden Lebenswochen ohne sichtbare Symptome einer Krankheit

Fehlgeburt: Abort; siehe auch Frühgeburt

FLV: Feline Leukose-Virus; schwere, meist tödlich verlaufende Infektionskrankheit; Krankheitsnachweis durch Labortest; Immunisierung durch Impfung

Fermente: siehe Enzyme

Fettschwanz: übermäßige Talgabsonderung auf der Oberseite des Schwanzes vom Ansatz bis zur Mitte; siehe auch Talgdrüsen

Fetus: siehe Embryo, Fötus

FIP: Feline Infektiöse Peritonitis; schwere, meist tödlich verlaufende Infektionskrankheit; Krankheitsnachweis (nicht voll aussagekräftig) durch Labortest; Immunisierung durch Impfung (noch im Versuchsstadium) – jedoch nur dann, wenn die Katze dem Virus noch nie zuvor begegnet ist!

FIV: Feline Immundefizit-Virus, Immunschwächekrankheit (Katzenaids); Immunisierung nach dem heutigen Stand noch nicht möglich; Krankheitsnachweis durch Labortest

Flehmen: Hochziehen der Oberlippen und Beibehalten dieses Ausdrucks für kurze Zeit; Geruchsaufnahme mit verzücktem Gesichtsausdruck

Fötus: siehe Embryo

Frühgeburt: Einsatz der Geburt etwa drei bis zwölf Tage vor dem errechneten Geburtstermin; Welpen oft nicht voll entwickelt oder kaum behaart. Auch wenn sie gesund erscheinen, kommen sie doch nur in den seltensten Fällen durch. Zeigt die Katzenmutter meist nur wenig oder gar kein Interesse, sollte man die Kleinen dem Tierarzt vorstellen, der ihnen künstliche Abwehrstoffe injiziert; siehe auch Fehlgeburt

Gameten: reife Keimzellen = Geschlechtszellen; enthalten die Erbanlagen, die auf nachfolgende Generationen übertragen werden

Gaumenspalte: Öffnung der Trennwand von Rachen- und Nasenraum; tritt manchmal bei Frühgeburten auf, doch meist angeborene erbliche Mißbildung

GCCF: Governing Council of the Cat Fancy; britischer Dachverband

Gebiß: Das Milchgebiß besteht aus 26 Milchzähnen (14 im Ober- und 12 im Unterkiefer) die etwa ab dem vierten Lebensmonat durch 30 bleibende Zähne ersetzt werden

Geisterzeichnung: Tabbyzeichnung bei einfarbigen Jungtieren, die im Erwachsenenalter als Fehler gilt

Gen: Erbfaktor, Erbeinheit; Erbträger, der für Aussehen und Entwicklung eines Lebewesens verantwortlich ist

Genetik: Vererbungslehre; Erbbiologie, die Zusammenfassung der Gesetzmäßigkeit der Vererbung

genetisch: die Vererbung betreffend

Genlocus: Sitz des Gens im Chromosom

Genom: Gesamtheit der Gene

Genotypus: Erbbild; Gesamtheit der Erbanlagen im Unterschied zum Erscheinungsbild oder Phänotypus

Gesäuge: Milchdrüsen am Bauch der Katze (normalerweise vier Paar, jedoch sieben bis zwölf Zitzen keine Seltenheit)

geschlechtsgebunden: auf Geschlechtschromosomen liegende Gene

Grannenhaar: im Pelz leicht herausragende, manchmal in leichter Tonänderung erscheinende Haare beim Jungtier (Babyfell)

Gravidität: Schwangerschaft

Hahnemann: Arzt, 1755 bis 1843 – Begründer der Homöopathie

Hermaphroditismus: Zwittertum

heterozygot: mischerbig; mit ungleichen Erbanlagen ein Merkmal betreffend (Gegensatz: homozygot)

Hippokrates: griechischer Arzt, geb. um 460 v. Chr., gestorben um 377 v.Chr., gilt als Vater der Heilkunde

Hitze: Ranz, Rolligkeit

homozygot: reinerbig; mit gleichen Erbanlagen ein Merkmal betreffend (Gegensatz: heterozygot)

Hormone: Körpereigene Stoffe, von bestimmten Drüsen gebildet; regeln u. a. das Geschlechtsverhalten

Infektion: Ansteckung (Infekt); Ansiedelung verschiedener Krankheitserreger und ihre Vermehrung im Körper

intramuskulär: Injektion in das Muskelgewebe

intravenös: Injektion in eine Blutbahn (Vene)

Inzest: engste Form der Inzucht: Geschwister-, Halbgeschwister- oder Eltern-Kind-Paarungen zum Erforschen der Erbanlagen

Inzucht: Linienzucht

Kastration: Entfernen der Keimdrüsen durch operativen Eingriff (bei Kater und Katze)

Katzengras: Gras (Zyperngras, Wiesengras, gekeimter Weizen) als Hilfe zum Auswürgen verschluckter Haare

Katzenminze: Pflanze, von den meisten Katzen geschätzt; Blüten und Blätter versetzen die Katze in einen regelrechten Rauschzustand, wenn sie daran riecht.

Kernplasma: siehe Protoplasma

Kondition: physischer und psychischer Zustand, in dem die Katze sich derzeitig befindet

Kryptorchismus: nicht abgestiegene Hoden; Hoden befinden sich entweder noch in der Bauchhöhle oder im Bereich des Leistenkanals (angeborene Mißbildung)

Letalfaktor: Absterbebestandteil; krankhafte Erbanlage, die lebensunfähig macht, so daß ein Lebewesen meist vor der Geburt abstirbt

Linienzucht: Paarungen unter blutsverwandten Zuchtlinien (Verwandtschaftszweige)

Mendel, Gregor Johann: österr. Biologe, 1822–1884, seit 1843 Augustinermönch, 1854 Lehrer für Naturwissenschaften; siehe auch Mendelsche Gesetze

Mendelsche Gesetze: Vererbungslehre; Mendel (siehe dort) entdeckte 1865 die nach ihm benannten Vererbungs-Regeln, indem er Kreuzungsversuche an Gartenerbsen durchführte.

Melanin: sich in den Körperzellen bildendes dunkles, schwarzbraunes und eiweißhaltiges Pigment, das bestimmte Färbungen hervorruft

Milchgebiß: siehe Gebiß

Monorchismus: ein Hoden versteckt in der Bauchhöhle; siehe auch Kryptorchismus

Mutagen: Mutationen auslösende Bestandteile; siehe auch Mutation

Mutation: vererbte Eigenschaftsänderung eines Lebewesens; entsteht durch Änderung der Gene oder Anordnung der Chromosomen bzw. des ganzen Chromosomensatzes

Normaltemperatur: 38° bis 39 °C

Oestrus: Rolligkeit; Paarungsbereitschaft der Katze

oral: zum Mund gehörend (z. B. orale Einnahme von Medikamenten)

Outbreeding: Fremdpaarungen in der Zucht

Outcross: siehe Outbreeding

Ovariumagenesie: unterentwickelte Eierstöcke

Ovariumhypoplasie: überzählige Eierstöcke

Ovulation: Eisprung der Katze, erfolgt ein bis zwei Tage nach Paarung

Panleukopenie: Katzenseuche; Infektionskrankheit; Immunisierung durch Impfung

Paracelsus: Arzt, Naturforscher und Philosoph, um 1494 bis 1541

Patella: Kniescheibe

Patella-Luxation: vererbbare Kniegelenkdeformation

patellar: die Kniescheibe betreffend

Peke-Face: Pekinesengesicht (Extremzucht); eminent typvolles Tellergesicht bei Perser- oder Exotic Shorthair-Katzen

Phänotypus: Phänom; Erscheinungsbild eines Lebewesens; die Gesamtheit der durch Umwelteinflüsse mitgeformten äußeren Merkmale (Gegenbegriff: Genotypus)

Pigment: Farbstoff, z. B. Melanin

Pinch: zu Deutsch: Kniff; bedeutet extrem tiefliegende Knochenlinie rechts und links der Nase und entlang der Wangen (vorgezogenes Schnäuzchen: „Schnute")- Pleura: Brustfell, bestehend aus dem Rippen- und Lungenfell

Points: Abzeichen an Ohren, Beinen (Stiefelchen), Schwanzspitze und um die Nase herum bei Katzen der Farbe Colourpoint; die Katzen werden weiß oder eisfarben geboren; Points werden sichtbar ab der dritten Lebenswoche

Polydaktylie: überzählige Zehenzahl als angeborene Anomalie

Polygen: Besonderheiten und Anlagen, die sich auf mehrere Gene beziehen; „Poly" ist gleichbedeutend mit viel, zahlreich, mehrfach

Progenie: Vorstehen des Unterkiefers; untere Vorderzähne ragen über die oberen hinaus (Gegensatz: Prognathie)

Prognathie: Vorstehen des Oberkiefers; obere Vorderzähne ragen über die unteren hinaus (Gegensatz: Progenie)

Protein: Eiweiß

Protoplasma: Grundstoff der lebenden Zelle, in der alle Lebensvorgänge ablaufen; Zellplasma (Zytoplasma), Kernplasma (Nukleoplasma)

pulmonal: die Lunge betreffend (Pulma = Lunge)

Queen: englischer Ausdruck für Zuchtkatze

Rabies: Tollwut; Infektionskrankheit, Immunisierung durch Impfung

Radiushemimelie: Hemi- = halb, unvollständig, Radius = Speiche, Unterarm; verstümmelte Gliedmaßen

Räude: durch Milben hervorgerufene Hautkrankheit; durch Juckreiz hervorgerufene Kahlstellen im Pelz

regressiv: sich zurückbildend

Reinfektion: erneute Ansteckung nach überstandenem Infekt; siehe auch Infektion

Rezessiv: Merkmale (Allele), die zwar im Erbbild existieren und bei einfachem Vorhandensein durch dominante verdeckt werden, doch bei zweifachem Vorhandensein in Erscheinung treten können (Gegensatz: dominant)

Rolligkeit: Brunst

Sacculitis analis: Analbeutelentzündung

Scabies: Skabies, Krätze; verursacht durch Milben; siehe auch Räude

Scheinschwangerschaft: siehe Scheinträchtigkeit

Scheinträchtigkeit: eingebildete Schwangerschaft; nach unfruchtbarer Paarung (zum Beispiel mit einem kastrierten Kater) können alle Schwangerschaftsanzeichen auftreten und den Eindruck erwecken, die Katze sei wirklich schwanger. Dies kann von anfänglicher Übelkeit bis hin zur Scheingeburt (Milchabsonderung , Wehentätigkeit) führen

Schutzimpfung: Immunisierung gegen bestimmte Krankheiten

Sterilisation: Aufhebung der Fortpflanzungsfähigkeit (Unfruchtbarmachung) durch operativen Eingriff (bei Kater und Katze)

Stichelhaar: siehe Grannenhaar; Babyfell

Stop: Kniff (Krümmung) zwischen Stirn und Nase; bei Europäisch Kurzhaar unerwünscht (leichter Stop akzeptiert, bei Perserkatzen erwünscht)

Streß: Summe der den Organismus „angreifenden" äußeren Einflüsse (Wohnungs- oder Besitzerwechsel, Ausstellung, Katzenstreitigkeiten untereinander); wiederkehrende Streßbelastung erhöht das Infektionsrisiko

subkutan = subcutan: Einspritzen eines Arzneistoffes unter die Haut

Syndaktylie: Verwachsung von Zehen untereinander (vererbbare Mißbildung, meist aber Schädigung durch äußere Einflüsse bzw. Medikamente vor oder während der Schwangerschaft)

Talgdrüsen: Haarbalg- oder Hautdrüsen; siehe auch Fettschwanz

Thorax: Brustkorb

Thorax-Abnormitäten: Deformierungen des Brustkorbs

Tragzeit: beträgt bei Europäisch Kurzhaar etwa 65 Tage, eventuelle Abweichungen nach unten oder oben von zwei bis drei Tage

Untertemperatur: Sinken der Körpertemperatur unter die Normalwerte; Untertemperatur entsteht bei der Kätzin auch einige Stunden vor Einsatz des Geburtsvorganges

Uterus: Gebärmutter

Vaccine: Impfstoff

Zellplasma: siehe Protoplasma

Zwerchfellhernie: Mißbildung im Zwerchfell

Zwergwuchs: durch Stoffwechsel- oder Hormonstörungen hervorgerufene oder anlagebedingte Hemmung des Wachstums; Kleinwüchsigkeit (Nanismus)

Ergänzende Bücher und Zeitschriften

D.R.U.: Rassestandards der Katzen der Welt. Deutsche Rassekatzen-Union e. V., D.R.U., Landkern 1989.

Morris, Desmond: Catwatching. Heyne Verlag, München 1987.

Neville, Peter: Versteh' Deine Katze. Müller Rüschlikon, Wien 1992.

Robinson, Roy: Genetics for Cat Breeders, London 1987.

Scheffer, Mechthild: Seelische Gesundheitsvorsorge für unsere Haustiere (Bach-Blütentherapie) Dr. Bach-Blüten-AG Zürich 1994.

Simonnet, Jean: The Chartreux Cat. Synchro, Paris 1990.

Thies, Dagmar: Katzen züchten. Kosmos Verlag, Stuttgart 1979.

Wagner, Ortrun: Kartäuserkatzen. Parey Verlag, Hamburg; Berlin 1993.

Wolff, Hans Günter: Unsere Katze, gesund durch Homöopathie. Johannes Sonntag Verlagsbuchhandlung, Regensburg 1992.

Wolff, Rosemarie: Katzen – Verhalten, Pflege, Rassen. Ulmer Verlag, Stuttgart 1992.

Deutscher Edelkatzen-Züchter Verband, Asslar: Die Edelkatze*

Bundesverband Praktischer Tierärzte, Frankfurt: Lebendige Tierwelt

Deutsche Rassekatzen-Union e.V., D.R.U., Landkern: Katzen-Magazin für Katzenfreunde*

Gong Verlag GmbH, München: Ein Herz für Tiere

Gong-Verlag, Nürnberg: Geliebte Katze*

Symposion Verlag, Stuttgart: Katzen extra*

* = Abruf von Ausstellungsterminen

Adressen von Katzenvereinigungen

Deutschland

BEC – Berliner Edelkatzen Club, Waldemar Bonsels Weg 24, 22926 Ahrensburg

CATS – Verein der Katzenfreunde e. V., Sudetenstr.22, 63165 Mühlheim/Main

DE – Deutsche Edelkatze e. V., Hubertstr.280, 4507 Essen

DEKZV – 1.Deutscher Edelkatzen-Züchterverband e. V., Berliner Str.13, 35614 Asslar

DRKV – Deutscher Rex-Katzenverein e. V., Pilotystr.65, 45147 Essen

D.R.U. – Deutsche Rassekatzen-Union e. V., Hauptstr.56, 56814 Landkern

FELINA – Annenstr. 35, 12683 Berlin

GdK – Gemeinschaft der Katzenfreunde e. V., Postfach 101741, 50457 Köln

GrPr – Grand Prix – Verein für Rassekatzen, Hollerbornstr.28, 65197 Wiesbaden

KVB – Katzenverein Berolina e. V., Schlossstr.71, 12165 Berlin

KFG – Katzenfreunde Germania e. V., Alois-Rupel-Str.1, 63517 Rodenbach

KVL – Katzenverein Leverkusen e. V., Hermann Löns Str.16, 53797 Lohmar

RCC – Royal Cat-Club e. V., Gutenbergstr.42, 44139 Dortmund

RKC – Rheinischer Katzen Club e. V., RKC, Gürzenichstr.25, 50667 Köln

RVDE Nord – Regionalverb. Deutscher Edelkatzenzüchter Nord e. V., Sprengerteich 10, 24220 Flintbek

SDRV – Süddeutscher Rassekatzen-Verband e. V., SDRV, August Bebel Str.25, 67069 Ludwigshafen

VDK – Verband Deutscher Katzenfreunde e. V., Postfach 801105, 51011 Köln

Europa

AFB – Ass. Féline Belge (B), 32/63 rue Joseph Demoulin, B 4000 Liège

AFI – Associazione Felina Italiana (I), Via per Borgio 1/2, I 17020 Gorra, Savona

AFN – Ass. Féline de Normandie (F), 20, rue Martin, F 76320 Caudebec les Elbeuf

ANCEF – Ass. Nat. Chartreux et Européans de France (F), 34, rue du Bois Notre Dame, F 77330 Lesigny

ANCFF – Ass. Nat. des Cercles Fél. d. France (F), 7, rue Chaptal, F 75009 Paris

ANF – Ass. Nationale Féline (F), 24, rue de Nantes, F 75019 Paris

BELGICAT – (B), Groteweg 286, B 9500 Geraardsbergen

BKV – ABAC – Belg. Kattenliefhebbers Ver. – Ass. Belge des Amateurs du Chat (B), Kretenburgstraat 107, B 2510 Mortsel

CCG – Cat Club de Genève (CH), 5, Chemin du Joli Bois, CH 1292 Chambésy

CCT – Cat Club Ticino (CH), Casella Postale 48, CH 6863 Besazio

CFE – Cercle Fél. de l'Est (F), 89, rue Sandoz, F 68700 Cernay

CFF – Club Félin Francais (F), 3, rue du Lavoir, F 78870 Bailly

FAMCAT – Nat. Soc. for Pedigree Cat Breeders and Cat Fanciers of Hungary (Ungarn), Leiningen Utca 43, =1046 Budapest – Postacim: Budapest, PF.160

FELICAT – (NL), Vuurtorenstraat 7, NL 1976 CJ Ijmuiden

FFH – Féd. Féline Helvétique (CH), Solothurner Str.83, CH 4053 Basel

GCCF – Governing Council of the Cat Fancy (GB), 4–6 Penel Orlieu, GB Bridgewater, Somerset TA6 3PG

KKÖ – Klub der Katzenfreunde Österreichs (A), Castellezgasse 8/1, A 1020 Wien

MUNDICAT – (NL), Kerkstraat 12, NL 9645 GR Muntendam

NEOCAT – Societeit van Kattenliefhebbers (NL), Kruiszwin 5342, NL 1788 RD Julianadorp

NKFV. – Nedl. Kattenfokkers Ver.(NL), Torenlaan 23, NL 3043 BP Rotterdam

NPV. – Nedl. Perzen Ver. (NL), Heuvelstraat 21, NL 9673 BA Winschoten

NVvK – Nedl. Ver. van Kattenfrienden (NL), Postbus 1651, 3000 BR Rotterdam

ÖVEK – Österreichischer Verband für Zucht und Haltung von Edelkatzen (A), Liechtenstein Str.126, A 1090 Wien

RCCL – Royal Cat Club Luxemburg (L), 7, rue de la Chapelle, L 3443 Dudelange

VENOLIKAT – Saint Oracle Ver. Noord-Oost Liefh. van de Kat (NL), Rustenburgerstraat 253 hs, NL 1073 GC Amsterdam

Schutzverbände

Bundesverband Tierschutz, Arbeitsgemeinschaft Deutscher Tierschutz e. V., Dr.-Boschheidgen-Str. 20, 47447 Moers

Deutscher Tierschutzbund e. V., Baumschulallee 15, 53115 Bonn

Katzenschutzbund e. V., Catsitter Club, Grafenberger Allee 147, 40237 Düsseldorf

Tasso, Haustier Zentralregister e. V., Postfach 1423, 65783 Hattersheim

Quellen

BPT, Bundesverband Praktischer Tierärzte e. V.
(Herausgeber): Lebendige Tierwelt Nr. 2/94, 3/94, Frankfurt.

1. DEKZV e. V. (Herausgeber): Katzenrassen Weltstandards. Wiesbaden 1982.

Deutsche Rassekatzen-Union e.V. (Herausgeber): Rassestandards der Katzen der Welt. Landkern 1989.

Deutsche Rassekatzen-Union e.V., D.R.U. (Hrsgb.): Katzen 5/92

Exter, Sandra: Mein Leben mit einer Katzenmutter.

Governing Council of the Cat Fancy (Herausgeber): The Official Standards of Points. England 1983.

Simonnet, Jean: Le Chat des Chartreux. Paris 1980.

SmithKline Beecham: Tiergesundheit. München 1992/94.

Wolter, H. (Herausgeber): Homöopathie für Tierärzte. Schlütersche Verlagsanstalt und Druckerei GmbH & Co., Hannover 1980.

Abbildungsverzeichnis und Fotonachweis

Farbfotos

Umschlagbild: Durth, Burbach
Berg, Dortmund: 24
Durth, Burbach: 1, 5, 6, 7, 9, 11, 15, 16, 17, 18, 20, 23
Gennermann, Hagen-Hohenlimburg: 8
Hoppe, Breidenbach: 2
Kölzer, Wissen: 21
Meinhard, Windeck: 4, 19
Paulsen, Meerbusch: 3
Schäfer, Grünebach: 10, 13
Stein, Köln: 22
Stopka, Neunkirchen: 14
Wouters, Waalwijk (NL)/Johansen, Hobaek, (DK): 12

Schwarzweißfotos und Grafiken (Seitenangabe)

Alcaraz, B., Lohmar: 13
Berg, U., Dortmund: 14
Bisior, D., Köln: 16, links unten
Böhmer, Grevenbroich: 11
Dr. Klotz, Berlin: 56
Durth, A. Burbach: 10 rechts, 34, 67, 125
Durth, S., Burbach: 64
Exter, A., Dortmund: 15
Frey, M., Taunusstein: 16, rechts unten
Fudickar, G., Greifenstein: 16, rechts oben
Gennermann, A., Hagen-Hohenlimburg: 40, 71, 76
Katzenmagazin für Katzenfreunde (D. R. U.), 5/92: 3
Lindner, H., Kreuztal: 70
Paulsen, E., Meerbusch: 9, 6, 12
Schäfer, U., Grünebach: 124, 140
Schmidt, R., Gießen: 34
Simonet, J.: 4
Stopka, M., Neunkirchen-Seelscheid: 16, links oben
Wirth, I., Gießen: 10, links

Sachregister

Beispiele und Tabellen zum Nachschlagen

Hunde- und Katzenliteratur

Hund und Katze unter einem Dach

Von Gabriele Colditz

200 Seiten, 19 Zeichnungen, 23 farbige Abbildungen, 14,8 × 21 cm, gebunden, ISBN 3-88627-147-1, DM 34,80 / öS 265,- / sFr. 36,-.

„Wie Hund und Katz!"

Wer denkt nicht sogleich an dieses bekannte Sprichwort, wenn vom friedlichen Zusammenleben zweier so verschiedener Tierarten die Rede sein soll. Hunde und Katzen – nach landläufiger Auffassung „alter Erbfeinde" – in Harmonie miteinander?
Gabriele Colditz hat da ganz andere Erfahrungen. Gerade die gemeinsame Haltung von Hunden und Katzen kann viel Freude machen und bereichert das Leben von Tierfreunden, die sich bisher als überzeugte „Katzen- oder Hundemenschen" verstanden haben.
Anschaulich schildert die Autorin tagtäglich vorkommende Situationen, die durch rechtzeitiges und richtiges Reagieren des Menschen problemlos bewältigt werden können. Außerdem vermittelt sie das notwendige Basiswissen über die jeweilige Tierart.
Somit ist dieses Buch schon vor der Anschaffung der Tiere ein unverzichtbarer Ratgeber für ein harmonisches Zusammenleben von Mensch und Tier.

Verlagshaus Reutlingen · Oertel + Spörer
Postfach 16 42 · 72706 Reutlingen